Jos. Carl Grund · Fjodor

Ute
Seibt

FJODOR

Die Geschichte
eines russischen Jungen

von Jos. Carl Grund

R. BROCKHAUS VERLAG WUPPERTAL

Kleine R. Brockhaus-Bücherei Bd. 105

Mit freundlicher Genehmigung der
Christlichen Verlagsanstalt Konstanz

1973
Umschlag: Walter Rieck
Illustrationen: Hans Deininger
Gesamtherstellung: Breklumer Druckerei Manfred Siegel
ISBN 3-417-00412-8

INHALT

1 Fjodor Besprisorny

Er hieß Fjodor — nur Fjodor.

Seinen Familiennamen kannte er selbst nicht. Er war nie anders als Fjodor gerufen worden, soweit man ihn überhaupt eines richtigen Namens gewürdigt hatte. Meist war er nur »Lümmel« oder »Tagedieb« oder »Taugenichts« genannt worden. Doch diese Ausdrücke hatten mit einem Familiennamen nichts zu tun.

Drüben war er einer unter vielen Besprisornyje gewesen . . .

Besprisornyje sind obdachlose Straßenjungen ohne Eltern, ohne Geschwister, ohne ein Dach über dem Kopf, ohne richtige Heimat.

Drüben? — Drüben — das war Rußland.

Wie alt Fjodor war? — Auch das wußte er nicht. Er hatte keine Papiere, er besaß keinen Geburtsschein. Wozu auch? Er lebte, und das genügte.

Schätzungsweise mochte er dreizehn oder vierzehn Jahre zählen. Er konnte kaum lesen und schreiben. Doch zu rechnen verstand er. Es hatte drüben kaum jemand gegeben, der ihn in Geldsachen hätte übers Ohr hauen können.

Zigaretten rauchen — ja, das verstand Fjodor auch. Er machte sogar Lungenzüge. Er hatte auch schon Schnaps getrunken. Und von den erwachsenen Strolchen, mit denen er drüben so oft zusammengekommen und manchmal auch eingesperrt worden war, hatte er eine ganze Reihe häßlicher Worte gelernt.

Man hatte versucht, ihn in Heime und Schulen zu stecken — vergebens. Fjodor war noch jedesmal ausgebrochen und hatte seinen »Wohnsitz« gewechselt. Er war eben ein echter Besprisorny. Gegen diese erschütternde Landplage kommt keine Polizei auf — selbst drüben nicht.

An seine ersten Lebensjahre erinnerte sich Fjodor nicht mehr. Die lagen weit zurück.

Soweit er denken konnte, war sein Dasein

ein einziger Kampf gewesen. Ein Kampf gegen den Hunger, ein Kampf gegen die anderen Besprisornyje, die schwächer oder auch stärker gewesen waren als er; die ihm die besten Schlafplätze unter Brücken, hinter Mauern, in baufälligen Schuppen oder dumpfen Löchern hatten streitig machen wollen; die ihm beim Stehlen in die Quere gekommen waren. Ein Kampf gegen die seßhaften Erwachsenen, die versucht hatten, ihn in ihre Ordnung zu zwängen; deren Ziel es gewesen war, ihm die Freiheit zu nehmen — oder das, was er für Freiheit hielt.

Fjodor war zeit seines jungen Lebens verachtet gewesen und herumgestoßen worden. Er erinnerte sich nicht daran, jemals gute Worte gehört zu haben. Viele hatten ihn gehaßt und gefürchtet, und viele waren ihm gegenüber gleichgültig gewesen. Das schmerzte zuweilen noch mehr als offener Haß.

Schicksal eines Besprisorny . . .

Fjodor war hart und verschlossen geworden. Er, dem von niemand Liebe entgegengebracht worden war, konnte für andere keine Liebe empfinden. Daß er sich dann und wann mit Gleichgesinnten zu einer Bande zusammengeschlossen hatte, um auf diese Weise besser zu Lebensmitteln, Kleidern oder auch Geld zu kommen, war rein zweckbedingt. Mit Kameradschaft hatte das nichts zu tun. Nach einem solchen geglückten »Unternehmen« waren sie jedesmal wieder auseinandergegangen — jeder seine eigenen Wege.

Für sein Alter war Fjodor groß, viel zu groß. Nur stark war er nicht. Daran hatten der Hunger und die Entbehrungen seines Besprisornyje-Daseins schuld. Dafür war der Junge ungemein wendig und geschickt. Er hatte etwas Raubtierhaftes an sich. So etwas lernt man in der Not und wenn einem die Liebe fehlt. Vor allem die Liebe einer Mutter.

Fjodor kam es nie zum Bewußtsein, daß er

sich all die Jahre hindurch nach einem mitfüh-
lenden Herzen gesehnt hatte. Es war etwas in
ihm, das irgendwie schmerzte — und das meist
nur, wenn er Zeit zum Überlegen hatte. Dann
dachte er zuweilen an die anderen, die behüte-
ten Kinder, die am Tag mit ihren Eltern an ihm
vorbeigegangen waren.

Es müßte schön sein, einen Vater zu haben.

Oder eine Mutter.

Am besten aber Vater und Mutter.

Fjodor hatte nur sich selbst und das Sehnen
in seinem Innern . . .

Einmal war er schwer krank gewesen. Da
hatte er sich in einen entlegenen Winkel ver-
krochen und stumpf vor sich hingedöst. Nur
gut, daß er noch einen kleinen Vorrat an Lebensmitteln besessen hatte. Auf Hilfe hätte der
Junge nie hoffen dürfen.

Niemand hätte sich um ihn gekümmert.

Fjodor hatte keine Ahnung davon, daß man den Herrgott um Hilfe bitten konnte.

Fjodor wußte nichts von Gott. Er hatte nie von ihm gehört.

Gott?

Über ihn sprach man nie drüben in den staatlichen Heimen und Schulen, und in den Reihen der Besprisornyje erst recht nicht. Und wie hätte ein obdachloser Junge in Familien kommen können, die — freilich nur im geheimen — noch vom Erlöser sprachen?

Gewiß, es standen allenthalben noch Kirchen, doch sie waren leer und verlassen, und es gab darin nichts zu holen. Deshalb hatten diese Gebäude Fjodor nur soweit interessiert, als er darin schlafen konnte . . .

Der Herrgott half, ohne daß ihn Fjodor darum gebeten hätte. Der Junge überstand die Krankheit.

Von da ab schien sich das Blatt zu wenden.

Als Fjodor sich in Alexandrow, einer der

13

südöstlichen Vorstädte von Leningrad, untätig an einer der Newabrücken herumlümmelte, trat plötzlich ein Offizier auf ihn zu.

Fjodor dachte schon an Verhaftung, doch es handelte sich um etwas ganz anderes.

»Besprisorny?« fragte der Offizier knapp.

Fjodor nickte stumm.

»Wie alt?«

»Sechzehn«, log der Junge.

Weiß dieser und jener, warum sich der Offizier gerade Fjodors annahm? Jedenfalls fragte er ihn, ob er mit ihm kommen wolle. Es gehe auf eine weite Reise, und Fjodor solle sich um die Sachen des Offiziers kümmern. Eine Art Mädchen für alles sollte der obdachlose Junge werden, und eine Uniform sollte er auch bekommen!

Da ist etwas faul! dachte Fjodor sofort.

»Warum nehmen Sie nicht einen Ihrer Soldaten?« fragte er augenzwinkernd.

Der Offizier lachte. »Soldaten brauchen nicht

alles zu wissen«, antwortete er. »Wir fahren ins Ausland.«

Jetzt verstand Fjodor. Sicher wollte der Offizier, wenn er wieder heimkehrte, auch so schöne Sachen mitbringen, wie sie die anderen bei sich hatten, die als Soldaten aus dem Westen gekommen waren. Das war verboten —, deshalb also sollte gerade er, Fjodor, dem Offizier helfen. Ein Besprisorny hat zu so etwas Geschick.

»Gutes Essen?« erkundigte sich der Junge.

»Selbstverständlich!« war die Antwort.

»Auch Geld?«

»Auch Geld!«

So wurden sie bald handelseins . . .

Als Soldat getarnt, kam Fjodor Namenlos nach Ungarn. Aber dort wurde geschossen! Die Ungarn hatten sich gegen die kommunistische Regierung erhoben, und sowjetische Truppen schlugen diesen Aufstand nieder.

Fjodor sah Menschen unter Kugeln zusammenbrechen. Menschen, die nicht deswegen aufeinander losgingen, weil sie Hunger hatten.

Der Offizier fiel, und Fjodor entging nur mit knapper Not dem Tode.

Da verkroch er sich hinter einer Ruine und wartete, bis die ärgste Gefahr vorüber war. Er hatte Angst, schreckliche Angst.

Er benützte die erstbeste Gelegenheit, sich Zivilkleider zu verschaffen. Dann warf er die Uniform, der die Kugeln der Aufständischen gegolten hatten, von sich. Als Zivilist schwindelte er sich aus dem Kampfgebiet um Budapest heraus.

Flüchtende Ungarn nahmen ihn mit, obwohl er kein Wort Ungarisch verstand. Er stellte sich stumm. Er wußte, daß es um ihn geschehen wäre, wenn man ihn als Russen erkannt hätte.

Als Stummer überschritt er in einer stockdunklen Nacht die Grenze. Jetzt befand er sich auf österreichischem Boden. Freilich wußte er das nicht. Er hörte nur, daß die Menschen hier eine andere Sprache redeten als die, mit denen er geflohen war.

Er schwindelte sich von seinen bisherigen Begleitern weg und erlebte ein neues Wunder. Auch die neuen Menschen, die so ganz anders redeten, stießen ihn nicht von sich! Sie fragten ihn zwar aus, taten dies aber durchaus freundlich und mitfühlend. Fjodor zuckte die Achseln. Er verstand kein Wort. Ein ungarischer Dolmetscher wollte helfen. Fjodor blieb stumm. Er verstand auch den nicht. Auf den Gedanken, einen Russen vor sich zu haben, kamen die Österreicher im Auffanglager nicht.

Fjodor erhielt warmes Essen und eine Schlafstelle in einer — wenn auch überfüllten — Baracke zugewiesen. Der Besprisorny aus Leningrad schlief zum erstenmal in einem richtigen Bett! Es war zwar nur ein Feldbett, und Fjodor mußte sich mit einer Decke begnügen, doch er kam sich wie ein General vor.

Der Junge konnte lange nicht einschlafen. Immer wieder fürchtete er, es könnte ein Stärkerer kommen, der ihn von diesem herrlichen Lager werfen würde.

Nichts dergleichen geschah, und als sich Fjodor lang genug darüber gewundert hatte, fielen ihm die Augen zu.

So gut hatte er noch nie geschlafen.

Am nächsten Morgen gab es warmen Kaffee und Brot. Eine freundliche Frau strich dem Jungen über den widerspenstigen Haarschopf. Das war noch besser als das Essen!

Fjodor verstand die Welt nicht mehr. Er wunderte sich, ohne darüber besonders nachzudenken. Zu viel Neues stürmte auf ihn ein.

Fragen über Fragen brannten ihm auf der Zunge. Er sprach keine einzige aus. Noch immer waren Leute um ihn, die in Ungarn auf die sowjetischen Soldaten geschossen hatten. Daß er sich denen gegenüber nicht verraten durfte, sagte ihm sein Verstand.

So blieb Fjodor weiterhin stumm, und die anderen hielten ihn dafür . . .

Einige Tage später wurde der Junge mit anderen Flüchtlingen zur Bahn gebracht. Er hatte wieder ein bedrückendes Gefühl, als er in einen der Wagen stieg.

Kam jetzt das schlimme Ende nach? Sollten sie nach Sibirien gebracht werden? In eines der großen Lager, in denen schon so viele Besprisornyje gelandet waren? Fjodor hatte drüben allerhand darüber gehört.

Er fürchtete sich vor Sibirien. Dort müsse man hart arbeiten, hatte es geheißen.

Die Fahrt dauerte — wenn auch mit Unterbrechungen — nicht sehr lange. Also konnte es nicht Sibirien sein!

Fjodor kam in ein neues Lager. Und hier hörte er — neben verschiedenen anderen Lauten — wieder seine Muttersprache!

Der Besprisorny war in Nürnberg gelandet, im großen Valka-Lager. Hier hatten zahlreiche Flüchtlinge aus den verschiedensten osteuropäischen Staaten eine vorläufige Heimat gefunden ...

Im Valka-Lager zu Nürnberg hatte Fjodor keinen Grund mehr, stumm zu bleiben. Unter seinen Landsleuten fand er die Sprache wieder. Nicht daß er sich bei den Russen sofort angebiedert hätte — o nein! Der Junge blieb verschlossen und scheu, wie er es seither gewesen war. So etwas läßt sich nicht auf einmal ablegen. Immerhin gab er knappe Antworten, wenn ihn jemand in seiner Muttersprache etwas fragte.

In diesem Lager ging es nicht ohne Formalitäten ab. Hier bekam er zum erstenmal einen »Familiennamen«. Das, was er bisher gewesen war, wurde seinem Vornamen angehängt.

Er hieß *Fjodor Besprisorny,* Fjodor Obdachlos.

So leicht ist es, einen Namen zu bekommen! Dabei hatte Fjodor im Valka-Lager doch ein

Dach über dem Kopf! Der Zuname stimmte also nicht mehr. Aber das machte nichts aus, haben doch viele Menschen einen Zunamen, der auch nicht zu ihnen paßt.

Ein »Johannes Pfalzgraf« muß durchaus kein Adeliger sein, und ein »Friedrich König« sitzt keineswegs auf einem Thron ...

2 Flucht aus dem Lager

Die Insassen des Valka-Lagers durften sich frei bewegen. Niemand war hier eingesperrt. Fjodor hielt Augen und Ohren offen. Er sah und hörte viel mehr, als er sprach. Lange genug war sein Grundsatz gewesen: Hören, sehen und . . . schweigen. Nur so kam drüben ein Besprisorny durch.

Fjodor war zwar ungebildet, aber nicht dumm. Er beobachtete gut und faßte rasch auf. Es entging ihm keineswegs, daß die Menschen im Valka-Lager nicht anders waren als die Leute drüben in Rußland —, dem Augenschein nach wenigstens. Es gab hier wie dort Gute und Böse, Fleißige und Faule, Ehrliche und Unehrliche, Aufrichtige und Verlogene.

Viele Männer und Frauen aus dem Lager hatten in Nürnberg Arbeit gefunden. Sie fuhren morgens fort und kamen abends zurück.

Einige der früheren Insassen — so erfuhr der Junge — waren ausgewandert, nach Amerika, Kanada oder Australien.

Am zweiten Tag seines Aufenthaltes im Lager sah Fjodor Polizisten. Sie holten zwei junge Männer ab.

Fjodor verkroch sich vorsichtshalber. Als Besprisorny mißtraute er jeder Uniform. Besprisornyje haben immer ein schlechtes Gewissen, selbst wenn sie einmal nichts angestellt haben.

Um Arbeit kümmerte sich der Junge nicht. Er bekam regelmäßig seine Verpflegung und hatte seine Schlafstelle. Mehr brauchte er nicht.

Vorläufig wenigstens ...

Fjodor erlebte den ersten Sonntag im Valka-Lager.

»Kommst du mit zum Gottesdienst?« fragte ihn sein Bettnachbar, ein zwanzigjähriger Ukrainer.

Fjodor sah ihn groß an. Er verstand kein Wort. »Warum?« fragte er nur.

Der andere schüttelte den Kopf. »Warum?« erwiderte er. »Bist du nicht gut herübergekommen? Ich denke, du hast alle Ursache, dem Herrgott zu danken! Außerdem ist der Pope in Ordnung. Also komm schon mit!«

Fjodor verstand noch immer nicht. Von *Bog*, dem Herrgott, hatte der Ukrainer gesprochen und von einem Popen, einem Pfarrer. Was waren das für Menschen? Und warum sollte er diesem *Bog* danken? Er kannte ihn doch nicht, hatte nie mit ihm gesprochen!

Trotzdem ging der Junge mit zum Gottesdienst. Er tat es aus reiner Neugierde.

Ein feines Zimmer hat dieser *Bog* im Lager! Es war viel schöner als die anderen Räume. Vorne stand ein Tisch. Darüber ragte ein Holz mit einem Querbalken, an dem ein Mensch hing. Dieser Mensch war auch aus Holz.

Er hatte eine Dornenkrone auf dem Kopf,

und durch Hände und Füße waren Nägel geschlagen. Zu beiden Seiten brannten Kerzen.

Die anderen Leute verhielten sich sonderbar. Sie hatten die Hände ineinandergelegt und sprachen nicht miteinander. Die Männer hatten Mützen und Hüte abgenommen.

Fjodor wunderte sich. Er wartete auf den *Bog*. Das mußte ein feiner Herr sein! Vielleicht ein hoher Parteifunktionär in einer blitzenden Uniform mit goldenen Schulterklappen und Sternen, wie sie in Leningrad die »ganz Großen« trugen.

Plötzlich erschien ein Mann in seltsam langen Gewändern. Andere begleiteten ihn. Von irgendwoher erklang Musik.

Fjodor stieß den Ukrainer an.

»Ist das der Herrgott?« fragte er leise und deutete nach vorne.

»Esel!« gab der andere ebenso leise zurück. »Das ist doch der Pope! Und jetzt halt den Mund!«

Die Leute begannen zu singen.

Fjodor wartete auf *Bog*.

Doch der kam nicht!

Fjodor beobachtete eine geraume Weile den Popen. Er konnte sich beim besten Willen nicht erklären, was der dort vorn eigentlich tat. Irgendwie schien alles mit dem hölzernen Mann zusammenzuhängen, der die Dornenkrone trug.

Doch wo blieb *Bog*?

Wieder stieß Fjodor den Ukrainer an. Der sah nur unwillig auf und flüsterte mißbilligend: »Nimm deine Mütze ab!« Fjodor sah sich um und merkte, wie ihn auch andere Leute strafend ansahen.

Verwirrt griff er an seinen Kopf, doch die Mütze nahm er trotzdem nicht ab. Er verließ den Kirchenraum. Ich gehöre nicht hierher, dachte er trotzig.

Die Hände in den Hosentaschen vergraben, schlenderte er durch die Lagergassen. Er sah nicht nach rechts und nicht nach links. Seine Blicke hafteten am Boden.

Fjodor grübelte.

Welche Bewandtnis hatte es mit dem Mann am Marterholz?

Lange Zeit wurde der Junge dieses Bild nicht los. Es muß schlimm sein, so sterben zu müssen, dachte er. Hunger ist schlimm, und frieren müssen ist schlimm, auch geschlagen werden und sterben müssen. Aber *so* sterben zu müssen wie der mit der Dornenkrone, das ist wohl das Allerschlimmste. Warum man so sterben muß?

Entweder hat er etwas sehr Böses getan, oder er war ein Feind der Partei! überlegte der Junge.

Aber warum setzt man ihm dann ein Denkmal?

Fjodor grübelte und grübelte. Er kam zu keinem Ergebnis.

Ganz in Gedanken versunken, rempelte der

Junge einen Mann an, der an ihm vorbei wollte. Der Mann schimpfte in einer fremden Sprache.

Fjodor schrak auf und verdrückte sich. Es war überall dasselbe. Auch hier wurde man also gestoßen und angebrüllt.

Der Besprisorny brach in Fjodor wieder durch. Er vergaß den gekrönten Mann am Querholz und witterte umher. In der Baracke zur Linken stand ein Fenster offen. Eine angebrochene Packung Zigaretten lag auf dem Sims. Fjodor sah sich hastig um. Niemand war in der Nähe. Hastig griff der Junge nach den Zigaretten und ließ sie in seiner Tasche verschwinden. Er eilte in seine Baracke zurück. Hier »fand« er Streichhölzer.

Wenig später schlenderte Fjodor ins Freie. Der nasse Schnee schwappte unter seinen Tritten. Der Junge ging dem Wald zu. Dort brannte er sich eine Zigarette an ...

Das dicke Ende kam aber nach!

Am Montag wurde Fjodor zur Lagerverwaltung gerufen. Es war gegen drei Uhr nachmittags. Der Junge sah sich einem russisch sprechenden Mann gegenüber. Hatte jemand den Zigarettendiebstahl beobachtet?

Der Mann sah ihn gar nicht streng an, ganz im Gegenteil: er lächelte.

»Du hast bei der Aufnahme dein Alter mit sechzehn Jahren angegeben, Fjodor Besprisorny?« fragte er.

Der Junge nickte.

»Hm«, fuhr der Mann fort, »ich möchte mich ein bißchen mit dir unterhalten. Einverstanden?«

Fjodor wurde immer mißtrauischer. Diese Tonart kannte er. So freundlich waren drüben die Polizisten auch immer gewesen, wenn er einmal verhaftet worden war. Hatten sie aber alles aus ihm herausgequetscht, dann steckten sie ihn ins Kittchen, und mit der Freundlichkeit war's vorbei!

Ich gehe dir nicht auf den Leim! dachte Fjodor. So einfach kriegt ihr mich nicht mehr!

Doch der andere kam gar nicht auf die Zigaretten zu sprechen. Er fragte Fjodor nach dem und jenem, ließ ihn sogar rechnen und verlangte schließlich von ihm, daß er etwas lese und schreibe!

Komisch!

Fjodor tat ihm den Gefallen.

Es dauerte nicht lange, dann war es vorbei.

Kam jetzt die Sache mit den Zigaretten?

Der Mann lächelte schon wieder. »Ich denke, du bist ein Schwindler, Fjodor Besprisorny!« meinte er. »Du hast zwar schon eine ziemlich tiefe Stimme, aber sechzehn bist du noch lange nicht! Auch ist es mit deinen Kenntnissen gar nicht weit her, mein Lieber. Ich kenne das, ich bin hier Lehrer. Ab morgen kommst du zu mir in die Schule, ja?«

In die Schule! Das verstand Fjodor. Man hatte ihn drüben in Rußland schon einige Male in die Schule geschickt. Stets war er davongelaufen. Eine Schule war für Fjodor ein Gefängnis ohne Gitter. Nun sollte es hier im Valka-Lager auch so anfangen.

»Hast du mich verstanden, Fjodor Besprisorny?« fragte der Lehrer.

Fjodor nickte und ging.

Er kehrte in seine Baracke zurück. Der Ukrainer war nicht da. Gut so!

Fjodor packte in aller Eile seine Sachen. Es wurde nur ein kleines Bündel. Der Junge besaß nicht viel: einen »Sonntagsanzug«, den er im Lager geschenkt bekommen hatte. Er war nicht mehr ganz neu, doch der Besprisorny hatte noch nie so etwas Feines besessen; ein Hemd, eine Unterhose, ein paar Strümpfe, ebenfalls Geschenke. Alles fand in einer Persilschachtel

Platz. Dazu kamen ein halber Laib Brot und eine amerikanische Konservenbüchse sowie die restlichen Zigaretten und die Streichhölzer. Das fremde Geld, das man ihm am ersten Tag ausgehändigt hatte, steckte Fjodor in die Tasche. Er hatte noch nichts davon ausgegeben. Den Wert dieses Geldes kannte er nicht.

Wie ein Dieb schlich er aus der Baracke. Doch die Leute, denen er begegnete, kümmerten sich nicht um ihn. Das Valka-Lager ist kein Gefängnis, aus dem man nicht heraus darf.

Draußen war es kalt.

Fjodor zog den Mantel fester zu.

Niemand hielt ihn an, als er das Lager verließ. Vorsichtshalber wählte er nicht den Hauptausgang. Er schwindelte sich in die Freiheit.

Es war bald geschafft.

Fjodor strebte dem nahen Wald zu. Im Wald war es immer gut, dort wurde man nicht so leicht gefunden.

Fjodor Besprisorny war wieder obdachlos. Obdachlos in Deutschland und aus eigenem Willen.

Aufs Geratewohl wanderte er durch den Föhrenwald. Bald kam er in die Nähe einer breiten Straße. Er hörte das Geräusch von Motoren. Es riß nicht ab.

Fjodor zog es vor, nicht auf diese Straße hinauszutreten. Er fürchtete, Menschen zu begegnen, die ihn wieder ins Lager zurückbringen könnten.

Der Wald war licht und leicht zu durchqueren.

Nach einer Weile kam der Junge auf einen Fußweg. Diesem folgte er.

Plötzlich blieb er stehen. Da, wo ein zweiter Pfad in den Weg einmündete, entdeckte der Junge wieder so ein Denkmal, wie er es schon im Lager gesehen hatte. Nur war das Holz mit dem Querbalken viel größer, und der hölzerne

Mann mit der Dornenkrone, der daran hing, war so groß wie ein richtiger Mensch.

Fjodor blieb eine geraume Weile stehen und sah den Mann an. Jetzt entdeckte er, daß der Gekreuzigte an der Brust eine tiefe Wunde hatte.

Der Junge schüttelte den Kopf.

Der Kampf ums nackte Dasein hatte Fjodor frühzeitig hart gemacht, aber der Mann dort oben tat ihm irgendwie leid —, obwohl er nur aus Holz war. Er sieht nicht böse aus, dachte er. Wer hat ihn nur so hingerichtet und warum?

Fjodor schüttelte den Kopf. Langsam ging er weiter. Immer wieder wandte er sich nach dem »Denkmal« um, bis es seinen Blicken entschwunden war.

Der nasse Schnee spritzte unter den Füßen des Jungen hoch. Ob sie ihn im Winter so hingerichtet haben? fiel es Fjodor plötzlich ein. Er hängt doch fast nackt am Querholz! Dann hat er vorher noch entsetzlich frieren müssen. Frieren müssen ist sehr schlimm, das hatte Fjodor oft genug am eigenen Leib erfahren.

Der Junge beschleunigte seine Schritte. Dann und wann blickte er fast ängstlich um sich. Es war ihm, als ginge jemand neben ihm her . . .

3 Nacht um Fjodor

Einige Tage und Nächte war Fjodor unterwegs. Wieviele es waren? Der Junge zählte sie nicht. Die Zeit spielt bei einem Besprisorny nur eine untergeordnete Rolle.

Um die ersten Ortschaften, in deren Nähe er kam, schlug Fjodor einen weiten Bogen. Er fürchtete die Polizei. Bestimmt würden sie ihn wieder ins Lager zurückbringen, und dann mußte er in die Schule gehen.

Der Junge teilte seinen kargen Proviant sorgsam ein, um nicht in der Nähe des gefürchteten Lagers, aus dem er geflohen war, einbrechen zu müssen. Er hungerte sich durch, wie er sich in seiner Heimat so manches Mal durchgehungert hatte.

Die Nächte waren schlimm, doch blieb wenigstens die Kälte einigermaßen erträglich. Fjodor schlief im Freien, an allen möglichen halbwegs geschützten Stellen. Nur die Nässe war arg. Schneematsch ist unbequemer als gefrorener Harsch.

Dann war der Proviant zu Ende und die letzte Zigarette geraucht.

Immer ärger quälte der Hunger.

Fjodor hielt noch einen Tag und eine Nacht durch, dann ertrug er es nicht mehr.

Das Geld, das er im Lager bekommen hatte, fiel ihm ein. Ob er viel dafür bekommen würde? Viel zu essen?

Der Junge strebte aus dem Wald. Er ging in die Richtung, aus der er Motorengeräusch vernahm. Dort mußte eine Straße sein.

Richtig!

Er erreichte schon nach kurzer Zeit die ziemlich breite Fahrbahn. Vorsichtshalber folgte er ihr im Schutze des Gehölzes.

Plötzlich war der Wald zu Ende. Fjodor sah vor sich eine kleine Stadt, die dicht an der

Straße lag. Zwei spitze Türme ragten über die Dächer hinaus.

Der Hunger nagte.

Fjodor unterdrückte seine Angst. Er ging auf die Stadt zu.

Die Leute, denen er begegnete, sahen ihn teils verwundert, teils mißtrauisch an. Die Übernachtungen im Freien hatten deutliche Spuren an Fjodor hinterlassen. Doch niemand hielt ihn auf.

Vor einem Kolonialwarenladen blieb er stehen. Mit brennenden Augen starrte er auf die Herrlichkeiten im Schaufenster. Das Wasser lief ihm im Munde zusammen.

Dann trat er ein. Eine Glocke schrillte, als er die Tür öffnete. Er schrak zusammen.

Doch schon erschien eine beleibte Frau hinter dem Ladentisch. Sie fragte ihn etwas in einer Sprache, die er nicht verstand. Fjodor antwortete auf Russisch. Das verstand wiederum die Frau nicht.

Da zeigte der Junge zunächst auf einen Laib Brot. Die Frau legte es auf den Ladentisch. Dann deutete sie auf ein Stück Butter und machte die Gebärde des Aufstreichens. Fjodor nickte. Die Butter kam zum Brot.

Der Junge suchte noch andere Eßwaren aus: Zucker, Wurst, zwei Bücklinge, Marmelade und etwas Obst. Schleckereien ließ er unbeachtet. Als Besprisorny wußte er, was notwendig und was entbehrlich war.

Die Frau rechnete zusammen.

Fjodor legte sein ganzes Geld auf den Ladentisch. Da schüttelte die Frau den Kopf und versuchte, dem Jungen verständlich zu machen, daß das Geld nicht reiche.

Fjodor verstand. Er zuckte die Achseln und zeigte seine leeren Hände.

Da verschwand das wohlwollende Lächeln aus dem Gesicht der Frau. Sie nahm die zwei Mark, die Fjodor auf den Tisch gelegt hatte, und warf sie in die Kasse. Dann räumte sie den

Zucker, die Wurst, die Bücklinge, die Butter und das Obst wieder weg. Nur das Brot und die Marmelade durfte Fjodor in seine Persilschachtel packen. Dabei gab ihm die Frau noch zu verstehen, daß er ohnehin mehr bekommen habe, als ihm für sein Geld zustehe.

Fjodor ging. Er war nicht einmal traurig. Fürs erste hatte er ja zu essen.

Wieder nahm ihn der Wald auf, ein kleines, lichtes Gehölz. Fjodor setzte sich und aß heißhungrig. Er biß vom Brotlaib herunter und holte die Marmelade mit den Fingern aus dem Glas. Er verdrückte fast die Hälfte des Vierpfundlaibes.

Dann wanderte er weiter. Wieder schwappte die Nässe unter seinen Schuhen.

Am Abend richtete er sich in einer verlassenen, einsam stehenden Scheune zum Schlafen ein. Diesmal konnte er lange nicht einschlafen. Erst war es das reichlich genossene Brot, das seinem Magen zu schaffen machte. Dann kamen die Gedanken. Fjodor wußte nicht, wie ihm geschah. Er, der nie eine Heimat gekannt hatte, sehnte sich auf einmal dorthin zurück, woher er gekommen war: nach Leningrad. Dann wieder glaubte er, den geschundenen Mann am Querholz vor sich zu sehen. Auch der Lehrer aus dem Lager, der ihn in seine Schule hatte stecken wollen, war da.

Fjodor warf sich unruhig von einer Seite auf die andere. Seine Wangen begannen zu glühen. Die Stirn brannte. Es war ihm heiß und kalt zugleich.

Der Junge fieberte. Sicher war die Nässe daran schuld und das Lagern im Freien.

»Ich darf nicht krank werden!« stöhnte Fjodor.

Er ballte die Fäuste, war wütend auf sich selbst und seine Schwäche.

Endlich fiel er in einen unruhigen Schlummer ...

Am Morgen erwachte er todmüde und wie

gerädert. Alle Kraft schien aus seinem schmächtigen Körper gewichen. Er biß die Zähne zusammen und rappelte sich auf.

Ohne zu überlegen aß er einige Bissen Brot und nahm etwas Marmelade dazu. Er hatte wahnsinnigen Durst. Er taumelte aus der Scheune und schleppte sich ziel- und planlos weiter. An einem Bach trank er in gierigen Zügen von dem eiskalten Wasser. Zum erstenmal seit Tagen wusch er sich wieder. Er tat es nicht, weil er sauber sein wollte, sondern um die brennende Stirn zu kühlen.

Für den Augenblick tat das wohl.

Scheinbar gekräftigt, setzte der Einsame seine Wanderung fort.

Es begann in großen Flocken zu schneien.

Fjodor stapfte durch den weichen Schnee. Er überquerte eine große Wiese. Aus der Ferne grüßte ein Dorf herüber.

Da war die unheimliche Schwäche wieder. Farbige Sterne begannen vor den Augen des

Jungen zu kreisen. Seltsam weich wurden seine Knie.

»Durchhalten!« knurrte Fjodor wütend.

Das Fieber war stärker als der Wille. Fjodor geriet ins Taumeln. Seine Füße zogen unbeholfene Schleifspuren in den Schnee. Immer mehr knickten die Knie ein. Das Wirbeln der bunten Sterne vor Fjodors Augen wurde immer verwirrender.

Der Junge zerbiß einen Fluch zwischen den Zähnen, wie er es so oft bei den Hafenarbeitern von Leningrad gehört hatte. Er nahm alle Kraft zusammen. Nein, er durfte hier nicht umsinken und liegenbleiben! Dann wäre alles aus — alles! Niemand würde ihm helfen, selbst wenn ihn jemand fände. Alle Menschen waren ja nur zu sich selbst gut oder zu denen, mit denen sie Geschäfte machten.

Alle? — Nein, es gibt Ausnahmen, sinnierte Fjodor. Die Ungarn, die mich mitnahmen, ohne etwas dafür zu verlangen, waren gut zu mir.

Aber nur, weil sie mich nicht als Russen erkannten! Und im ersten Lager waren sie auch gut zu mir, besonders die Frau. Die hat mir über den Kopf gestrichen, ohne etwas dafür zu wollen. Auch im zweiten Lager gab es nette Menschen. Trotzdem — gute Menschen sind selten. Die anderen, die nur an sich denken, sind weit in der Überzahl.

Fjodor lachte plötzlich in seinen Fieberphantasien. Ich bin selbst so wie die meisten, dachte er ehrlich. Aber ich bin nicht schuld daran. Ich habe es nicht so leicht wie die anderen. Ich bin ein Besprisorny, mir hilft keiner!

Ein Schauer schüttelte ihn. Er stolperte und fiel. Er spürte die Nässe an den Händen und im Gesicht.

Wenn ich jetzt vor die Hunde gehe, ist alles aus, dachte er. Vielleicht finden sie mich erst nach langer Zeit.

Dieser Gedanke ernüchterte ihn. Das elende Leben, das er bisher geführt hatte, war ihm trotz allem viel mehr wert als der Tod. Er erinnerte sich plötzlich eines erfrorenen Besprisorny, den sie eines Tages unter einer der Newabrücken von Leningrad gefunden hatten.

Nein, so wollte er nicht enden! Er wollte leben. Der Tod war zu schrecklich. Alles sollte mit einmal aus sein: Essen, Trinken, Schlafen, das ganze Leben . . .

»Nein!« stöhnte der Junge.

Er stemmte sich mühsam in die Höhe, wankte weiter. Wie ein Tier, das instinktiv die Geborgenheit der Herde sucht, stolperte er auf das Dorf zu.

Wieder schleiften seine Füße durch den Schnee.

Das eiskalte Wasser, das er vor kurzem getrunken hatte, brannte in seinen Eingeweiden wie das höllische Feuer. Immer langsamer wurden Fjodors Schritte, immer länger die Schleifspuren.

Das Dorf wollte nicht näher kommen.

Der Junge hielt die Persilschachtel an sich gepreßt. Ihr Inhalt war sein einziger Schatz.

Seine Zähne schlugen wild aufeinander. Immer rascher jagte ein Schauer den anderen. Immer schwächer wurde der Wille zum Durchhalten.

Im Dorf begann eine Glocke zu läuten. Der Gegenwind trug den Schall zu Fjodor herüber. Hundegebell klang dazwischen.

Es war das letzte, was der Junge hörte.

Die letzte Kraft verließ ihn. Er stolperte, fiel und ... richtete sich nicht mehr auf. Die Persilschachtel hielt er noch immer an sich gepreßt.

Es war Nacht geworden um Fjodor Besprisorny ...

4 Es gibt keinen Zufall

Erst vorgestern war Peter Müller aus sowjetischer Kriegsgefangenschaft nach Hause gekommen. Mutter, Schwester und Schwager hatten ihn nicht erkannt, als sie ihn am Bahnhof abgeholt hatten. Das war kein Wunder. Peter Müller hatte sich sehr verändert. Als junger Mann war er in den unseligen Krieg gezogen, und viele harte Jahre hatten ihre Spuren nur zu deutlich hinterlassen.

Doch nun war er endlich zu Hause, auf seinem Hof. Mutter, Schwager und Schwester hatten sein Erbe treulich gehütet. Peter Müller durfte wieder sein, wozu er bestimmt war: Bauer auf dem eigenen Hof.

Die ersten beiden Tage mußte er wohl oder übel zu Hause bleiben oder im Dorf Besuche machen. Vor allem mußte er erzählen, immer wieder erzählen.

Er tat es nur widerwillig und wortkarg. Noch nie hatte er gern von sich gesprochen. Und warum sollte er all das Schwere, das er hatte durchstehen müssen, weitschweifig breittreten?

Es war schlimm genug gewesen in Workuta, dem berüchtigten sibirischen Gefangenenlager. Der Tod hatte reiche Ernte gehalten. Peter Müller war durchgekommen, mehr schlecht als recht.

»So ein Zufall!« sagte einer der Nachbarn, als er Peters Geschichte gehört hatte.

Doch da schüttelte der Neununddreißigjährige den Kopf. »Es gibt keinen Zufall, Nachbar!« erwiderte er fest. »Alles ist Fügung! Alles kommt von Gott!«

Alle wunderten sich über den Heimkehrer. Peter Müller war als junger Mensch immer ein recht lauer Christ gewesen. Er hatte zur Not seine Sonntagspflicht erfüllt, mehr nicht. Er hatte den Herrgott einen guten Mann sein lassen, wie man so sagt. Ein ganz anderer Peter Müller war zurückgekehrt. Schon am ersten Abend überraschte ihn die Mutter, wie er in der Bibel blätterte. Die gebeugte Frau sagte nichts. Doch aus ihren Augen strahlte die Freude.

Der Mutter allein vertraute sich Peter Müller voll an. »Weißt du«, sagte er, »in Workuta lebten die verschiedensten Menschen zusammen, soweit man die Schinderei dort als Leben bezeichnen kann. Ehrenmänner und Schurken, Gläubige und Ungläubige, Verzweifelte und Hoffende, Starke und Schwächlinge — unter den Gefangenen wie unter dem sowjetischen Wachpersonal. Meine Pritsche stieß an die eines mitgefangenen Pfarrers. Der ließ sich nicht unterkriegen, obwohl er es vielleicht am schwersten von uns allen hatte. Denn er war schmächtig und gegen Kälte sehr empfindlich. Aber er hielt durch und verstand es, mich immer wieder aufzurichten, wenn ich verzweifeln wollte. Er tat es nicht mit frommen Reden, sondern durch sein Beispiel und durch die Tat. Obwohl der Hunger an ihm selbst nagte, steckte er mir manchmal etwas von seiner kärglichen Verpflegung zu. Und ich . . . ich nahm es! So weh tat der Hunger in Workuta!

Der Pfarrer redete nicht viel, doch es ging etwas von ihm aus, das selbst die ärgsten Lästerer in seiner Nähe verstummen ließ. Er klagte nie, nicht einmal kurz vor seinem Ende. Er starb am Fieber, und ich war unter denen, die ihn begruben.

›Es gibt keinen Zufall!‹ flüsterte er mir kurz vor seinem Tod zu. ›Alles ist Fügung, alles hat seinen Sinn. Auch das Leid. Gott weiß immer, was er tut. Weiß ich, ob mein Tod nicht einem anderen nützt? — Dir vielleicht?‹

So war der Pfarrer.

Ja, Mutter, in Workuta änderten sich die Menschen. Die einen wurden fromm, aufrichtig fromm, — die anderen gottlos. Ein Zwischending gab es nicht. Es gab — nach ei-

nigen Jahren Lagerleben — keine Gleichgülti-
gen in Workuta.

So bin auch ich anders geworden. Es ist nicht
mein eigenes Verdienst. Dem Pfarrer danke ich
es und einem sowjetischen Posten. Der war ein
Mongole und sah wie der Teufel aus. Er fand
mich eines Tages halb erfroren im Wald. Ich
war mit anderen zum Holzfällen draußen gewesen und vor Schwäche zusammengebrochen.
Die anderen hatten mein Fehlen gar nicht bemerkt. Der Mongole entdeckte mich. Er ließ
mich nicht liegen, und dabei wäre das doch gar
nichts Besonderes gewesen. In Workuta sind
viele erfroren und liegengeblieben. Ein Toter
mehr oder weniger — was machte das aus?

Nein, der Posten flößte mir Schnaps ein und
schleppte mich ins Lager zurück. Dabei gehörte
er zu den »Gottlosen«.

Siehst du, Mutter, auch das war kein Zufall.
Warum soll sich der Herr nicht eines Menschen
bedienen, der nicht an ihn glaubt? Gott ist da,

selbst wenn die Menschen ihn verleugnen.«

Das war die längste Rede gewesen, die Peter Müller je gehalten hatte. Aber diesmal hatte es aus ihm herausgedrängt, und die Mutter hatte schließlich ein Recht darauf, mehr zu erfahren als die anderen.

Nun war die schlimmste Zeit seines Lebens vorüber, wenn auch die Spuren, die sie hinterlassen hatte, wohl nie getilgt werden konnten. Peter Müller war heimgekehrt, als letzter Kriegsgefangener des Dorfes.

Er war in Rußland wegen einer lächerlichen Geringfügigkeit zu fünfundzwanzig Jahren Zwangsarbeit verurteilt worden, aber man hatte ihn schließlich »begnadigt«.

Auch das war eine Fügung Gottes. Peter Müller glaubte es fest.

Es gibt keinen Zufall ...

Am Morgen des zweiten Tages hatte der Heimkehrer an der Seite seiner Mutter die Dorfkirche betreten. Es war kein Gottesdienst.

Nur sonntags kam der Pfarrer aus der benachbarten Kleinstadt ins Dorf. Heute war Freitag und die Kirche leer. Peter und seine Mutter waren die einzigen Menschen im Gotteshaus.

»Alles hat seinen Sinn, Peter Müller. Du hast eine Aufgabe zu erfüllen!«

Ganz deutlich glaubte der Heimkehrer diese Worte gehört zu haben. Überrascht blickte er seine Mutter an. Aber die sah nicht auf. Es war auch nicht ihre Stimme gewesen. Sonst befand sich aber doch niemand in der Kirche!

Peter Müller schüttelte den Kopf. Ich bin mit den Nerven vollständig herunter, dachte er.

Beim Verlassen des Gotteshauses wußte er, daß er die Stimme des Pfarrers aus Workuta gehört hatte. Jetzt erinnerte er sich ganz genau, daß dieser ihm einmal gesagt hatte: »Du hast eine Aufgabe zu erfüllen!«

Peter Müller wußte schon jetzt, daß ihn Wor-

55

kuta nie mehr loslassen würde. Auch das mußte einen Sinn haben, ganz bestimmt . . .

Am Vormittag des dritten Tages ging der Heimkehrer an der Seite seiner Mutter und seiner Schwester den eigenen Grund und Boden ab.

Es schneite in großen Flocken, und Wiesen und Felder lagen unter der weißen Decke verborgen. Doch was schadete das! Er ging über Heimatboden, auch wenn der sich versteckte.

Peter Müller schritt aus. Der schleppende Gang von Workuta wurde zum starken Schreiten des Bauern. Jetzt erst ergriff der Heimkehrer richtig Besitz von der Heimat.

Etwa eine Stunde vor Mittag gingen die drei über die große Wiese, die sich zum Wald hinzog.

Hier fanden sie Fjodor.

Peter Müller entdeckte ihn zuerst. Er sah den Jungen, obwohl schon eine dünne Schneeschicht auf ihm lag. Das machte Workuta. Dort hatte man des öfteren Eingeschneite gesucht und gefunden.

Die drei hatten keine Ahnung, wer der Junge war und woher er gekommen war.

Peter hob ihn auf und erkannte, daß noch Leben in dem schmächtigen Körper steckte. Die Persilschachtel hielt der Junge noch immer fest umklammert.

Peter Müller zuckte plötzlich zusammen.

Der Junge hatte die Lippen bewegt und ganz leise ein Wort phantasiert. Ein Wort, das Peter Müller nie in seinem Leben würde vergessen können.

»Dawaj!« hatte der Junge gesagt.

Ein russisches Wort, das in Workuta so oft gebrüllt und befohlen worden war. »Gib!« hieß es, oder »Mach schnell!« oder »Vorwärts, Tempo!«

Das Dawaj, das der zusammengebrochene Junge geflüstert hatte, klang nicht nach Befehl.

Es war mehr eine Bitte, ganz unbewußt gesprochen.

»Er hat Fieber«, sagte Peter Müller zu den beiden Frauen, nichts weiter.

»Er sieht aus wie ein Ausländer«, meinte die Mutter.

»Ein Russe«, sagte Peter. Seine Stimme zitterte ein bißchen. Er ging voraus und trug Fjodor nach Hause. Die Frauen folgten ihm. Kein Wort wurde gesprochen.

Erst unter der Haustür meinte die Schwester: »Soso, ein Russe, denkst du? Das ist aber ein Zufall!«

Peter Müller schüttelte den Kopf. »Es gibt keinen Zufall!« erwiderte er ernst.

5 Pjotr

Peters Schwager setzte sich auf sein Moped und fuhr in die nahe Kleinstadt, um den Arzt zu holen. Man war sonst nicht zimperlich auf dem Müllerhof. Peters Mutter kurierte die meisten Krankheiten mit bewährten Hausmitteln. Sie hielt nicht viel von »Doktoren«. Doch mit dem gefundenen Jungen sah es böse aus. Da mußte wirklich ein Arzt her.

Dr. Schmidt kam bald. Er stellte eine hochgradige Lungenentzündung fest, dazu vollkommene Erschöpfung. Der Junge hielt die Augen noch immer geschlossen, doch lag er nicht ruhig im Bett, in das man ihn gebracht hatte. Sein ganzer Körper glühte im Fieber. Die Hände zuckten unruhig. Dann und wann stöhnte der Kranke und phantasierte zusammenhanglose Worte, die nur Peter Müller verstand. Er hatte in den Jahren der Gefangenschaft genügend Russisch gelernt.

»Es ist wohl am besten, wenn wir den Patienten ins Krankenhaus bringen«, riet der Arzt.

Peter Müller schüttelte den Kopf. »Nein, Herr Doktor«, widersprach er bestimmt. »Der Junge soll hierbleiben! Sagen Sie uns nur, wie er zu pflegen ist, dann bringen wir ihn schon durch. In Workuta gab es auch keine moderne Klinik.«

»Wie Sie wollen«, erwiderte der Arzt. »Lebensgefährlich ist die Geschichte gerade nicht. Der Junge ist zwar schwach, aber er scheint außerordentlich zäh zu sein. Nur — warum wollen Sie sich diese Mühe machen — mit so einem?«

»So einem verdanke ich mein Leben«, antwortete Peter Müller einfach. »Und außerdem — ich finde, es ist wert, um ein Menschenleben zu ringen. Wir haben lange genug Leben vernichtet.«

»Wie Sie wollen«, sagte der Arzt wieder. Dann gab er genaue Anweisungen, wie der Patient zu behandeln sei, und schrieb ein Rezept.

Als sie allein waren, sah Peter Müller seine Mutter an. »Bitte«, sagte er, »versteh mich, Mutter!«

Die Frau nickte.

»Es ist gut so, Junge«, antwortete sie.

Fjodor hatte wirklich eine zähe Natur. Er überstand die Krise. Langsam ging das Fieber zurück. Täglich sah der Arzt nach ihm, und Peter sorgte mit seiner Mutter für den fremden Jungen, als wäre er ein naher Verwandter.

Als Fjodor zum erstenmal bewußt die Augen öffnete, glaubte er zu träumen. Er lag in einem großen, sauberen Bett unter einer mächtigen, blau-weiß karierten Zudecke; in einer richtigen

Kammer, wo es warm war! In einem klobigen Kachelofen knisterten Scheite.

Fjodor hielt den Atem an. Er fand sich nicht zurecht. Wie war er hierhergekommen? Er versuchte sich aufzusetzen. Es ging schwer. Wie Blei lag es ihm in den Gliedern. Sein Körper war seltsam kraftlos.

Der Junge biß die Zähne zusammen und strengte sich an. Er schaffte es.

Jetzt saß er und blickte sich um. Es waren nur das Bett in der Kammer, ein altmodischer Waschtisch mit Schüssel und Krug, ein großer Schrank, ein Nachtkästchen und ein Stuhl. Auf dem Stuhl lag Fjodors Persilschachtel. Auf dem Nachtkästchen standen drei Fläschchen.

Durch ein nicht sehr großes Fenster fiel das Tageslicht herein.

Fjodors Blicke tasteten weiter.

Plötzlich zuckte der Junge zusammen.

Dort an der Wand . . .!

Dort hing ein solches Marterholz mit dem

geschundenen Menschen daran! Es war viel kleiner als das »Denkmal« im Walde, kleiner noch als das, das er in *Bogs* Zimmer im Valka-Lager gesehen hatte.

Bogs Zimmer! Das war ein Anhaltspunkt. Allmählich kehrte die Erinnerung wieder.

Fjodor entsann sich bis zu dem Augenblick, da er auf der verschneiten Wiese zusammengebrochen war. Hier hörte es auf.

Doch wo war er jetzt, und wie war er hierhergekommen?

Das waren Fragen, auf die er sich keine Antwort geben konnte.

Er ließ sich in die Kissen zurücksinken und grübelte. Immer wieder sah er zu dem Bild des Gekreuzigten hin. Es war, als ziehe der Geschundene Fjodors Blicke wie mit magischer Gewalt auf sich.

Um Fjodor blieb alles still. Nur das Holz im Ofen knisterte. Der Besprisorny wußte nicht, wie ihm geschah. Er befand sich in einer ihm völlig fremden Umgebung und ahnte doch keine Angst! Er fühlte sich irgendwie geborgen.

Die Augen fielen ihm zu. Es war kein unruhiger, fiebriger Schlummer mehr, in den der Junge sank. Fjodor schlief der Genesung entgegen.

Er hörte nicht mehr, wie draußen die Stiege knarrte, wie die Tür seiner Kammer leise geöffnet wurde und wie sich vorsichtige Schritte seinem Lager näherten.

Peter Müller war gekommen. Er beugte sich über den Schlafenden und sah lange in das Gesicht des Jungen ...

Fjodor schlief nicht sehr lange. Zwei, drei Stunden vielleicht. Dann weckte ihn der Hunger. Wann hätte ein Besprisorny einmal keinen Hunger? Obendrein forderte der durch die Krankheit arg mitgenommene Körper mehr als je eine Stärkung.

Fjodor schlug die Augen auf.

Diesmal war er nicht allein. Eine alte Frau

befand sich in der Kammer. Sie stellte eben eine Schüssel auf das Nachtkästchen und legte einen Löffel dazu. Es roch verführerisch nach Linsen mit Wurst.

Fjodor sah die Frau nur kurz an, dann blickte er auf das Essen.

Die Frau lächelte. Sie sagte etwas in einer Sprache, die Fjodor nicht verstand. Aber die Gebärde, die die Frau machte, begriff der Junge. Es war eine einladende Handbewegung zum Napf hin.

Fjodor richtete sich auf, ergriff den Löffel und begann zu essen. Er aß sehr hastig, als fürchtete er, jemand könnte ihm die Schüssel wegnehmen.

Er hörte nicht eher auf, als bis der Napf leer war. Dann ließ er sich in die Kissen zurücksinken.

Ohne daß er es gemerkt hatte, war die freundliche Frau gegangen. Nach einer Weile trat ein Mann durch die Tür. Wahrscheinlich hatte ihn die Frau gerufen.

Jetzt erlebte Fjodor sein blaues Wunder.

»Nun, wie geht es dir?« fragte der Mann — auf Russisch! Es war zwar kein sauberes Russisch und es klang ein bißchen hart. Aber immerhin, der Mann redete in der Muttersprache.

Fjodor sah ihn eine ganze Weile an. Der Fremde kann noch nicht alt sein, dachte er. Aber sein Gesicht sieht alt aus. So, als habe er oft Hunger leiden müssen und wäre gehetzt worden. Fjodor kannte das. Die meisten Besprisornyje hatten solche Gesichter.

Der Mann zog sich einen Stuhl an Fjodors Bett heran.

»Geht es dir besser?« erkundigte er sich.

Fjodor hatte das Gefühl, daß der andere es gut mit ihm meinte. Offenbar war es keiner von denen, die ihn einfangen und in die Schule schicken wollten. Bestimmt nicht!

Der Junge nickte. »Mir geht es gut«, antwortete er verwirrt.

»Wie heißt du?« wollte der Fremde wissen.

»Fjodor.«

»Und wie noch?«

Der Junge zuckte die Achseln. »Nur Fjodor. Ich habe keinen anderen Namen.«

Der junge Mann mit dem alten Gesicht schüttelte den Kopf. »Das gibt es doch nicht!« sagte er zweifelnd.

Fjodor schwieg. Er wurde schon wieder mißtrauisch.

Der andere kannte das. Er lächelte. »Ich will dir in Kürze meine Geschichte erzählen«, fuhr er fort. »Ich denke, dann wirst du merken, daß du Vertrauen zu mir haben kannst.«

Fjodor erwiderte nichts und machte keine Bewegung. Seine Augen lauerten. Wenn der Mann vor ihm längere Sätze sprach, klang sein Russisch etwas unbeholfen, aber der Junge verstand jedes Wort.

»Ich war viele Jahre in Sibirien«, erklärte der Mann. »In Workuta — als Kriegsgefangener.«

Fjodor zuckte zusammen.

»Bist du ein — Deutscher?« stieß er hervor. Auf einmal hatte er Angst. Von den Deutschen hatte er drüben nur Schlimmes gehört. Selbst unter den Besprisornyje war nicht gut über sie gesprochen worden.

»Angst?« fragte der andere lächelnd.

Fjodor biß die Zähne zusammen. Er schwieg.

Peter Müller sprach weiter. »Ich habe harte Jahre in Workuta erlebt, Fjodor. Aber ich habe auch gute Menschen unter den Sowjets getroffen. Überall gibt es gute und böse Menschen, in jedem Land, unter jedem Volk. Ein Mongole hat mir dort das Leben gerettet, sonst wäre ich erfroren. Siehst du, und nun hat Gott es so gelenkt, daß ich meine Schuld bezahlen kann. Ich fand dich draußen auf meiner Wiese und habe dich mit nach Hause genommen. Du darfst mir wirklich vertrauen. Ich meine es gut mit dir.«

Fjodor dachte lange nach. Hinter seiner Stirn tanzten die Gedanken in tollem Wirbel. Nein, der Mann ist wirklich nicht böse! dachte er. Aber noch mehr als diese Erkenntnis beschäftigte ihn das eine Wort: *Bog* — Gott! Der Mann hatte von *Bog* gesprochen! Irgendwie dämmerte es Fjodor, daß dieser *Bog* in Beziehung stehen mußte zu dem hölzernen Mann am Querholz, das dort an der Wand hing. In Bogs Zimmer im Lager war auch so ein Denkmal gewesen! Fjodor sah rasch zum Kreuz hinüber. Aber er stellte keine Frage. Er traute sich nicht.

»Woher kommst du?« fragte Peter Müller.

»Aus Leningrad, aber ich hatte dort keine Wohnung. Ich bin ein Besprisorny. Ich kenne meine Eltern nicht. Ich hatte nie welche. Und dann kam ich nach Ungarn und von dort in ein Lager und dann nochmals in ein Lager. Da wollten sie mich in die Schule stecken, und da bin ich ausgerückt. Dann konnte ich nicht mehr. Im Lager haben sie Fjodor Besprisorny zu mir gesagt, aber Besprisorny ist doch kein Name. Ich kenne meinen zweiten Namen wirklich nicht. Und ich will auch nie mehr ins Lager zurück! Ich will nicht in die Schule gehen. Was ich brauche, das kann ich!«

Fjodor schwieg betroffen. Er wußte selbst nicht, was mit ihm los war. Auf einmal hatte er alles verraten! Wie ein Sturzbach waren ihm die Worte und Sätze ungewollt über die Lippen gesprudelt.

»Wie alt bist du denn, Fjodor?« fragte Peter.

Der Junge zögerte. Er blinzelte den Mann an. Sechzehn Jahre — wollte er sagen, doch es war ihm, als dürfe er den anderen nicht anlügen.

Er zuckte nur mit den Schultern. »Ich weiß es nicht«, antwortete er ausweichend. »Die einen halten mich für vierzehn, andere für dreizehn, wieder andere für älter.«

Jetzt schwieg Peter Müller. Der Heimkehrer war ehrlich erschüttert. Es muß schlimm sein, seine Eltern nie gesehen, dachte er, keinen ehrlichen Namen zu haben, keine Heimat; nicht zu wissen, wie alt man ist.

Peter Müller fragte nicht weiter. Er führte — so gut es seine Russischkenntnisse gestatteten — eine zwanglose Unterhaltung mit dem Jungen und erfuhr dabei mehr, als er durch strenges Fragen erfahren hätte. Fjodors Mißtrauen nahm sichtlich ab, wenn es auch nicht ganz schwand.

»Und — wie heißt du?« fragte Fjodor schließlich.

»Peter.«

»Pätärr?« sprach der Junge etwas mühsam den ihm fremdklingenden Namen nach.

Peter Müller lächelte.

»Pjotr heißt es auf Russisch«, erklärte er. »Du darfst Pjotr zu mir sagen.«

Fjodor verzog die Lippen. Wollte er lächeln?
— Nein, er ließ es bleiben. Ein Besprisorny
trägt sein Herz nicht auf den Lippen.

»Pjotr«, sprach er leise. Jetzt sah er den
Mann voll an. »Heißt du einfach Pjotr?«
fragte er. »So wie ich nur Fjodor heiße?«

Peter Müller nickte.

»Für dich heiße ich nur Pjotr«, erwiderte er
ernst.

Er erhob sich und strich dem Jungen über den
Kopf. Fjodor fühlte die harte Arbeitshand,
aber die Berührung tat ihm wohl. So wohl wie
damals, als ihm die Frau im ersten Lager über
den Kopf gestrichen hatte.

»Schlaf jetzt, Fjodor«, sagte Peter. »Du
mußt viel schlafen, damit du recht bald gesund
wirst!«

Er ging, und jetzt sah Fjodor, daß Pjotr
auch gebeugte Schultern hatte.

Ein junger Mann mit einem alten Gesicht
und gebeugten Schultern. Das hat Workuta aus

ihm gemacht, dachte der Junge, und trotzdem haßt er mich nicht!

Die Tür wurde ins Schloß gezogen. Ganz behutsam geschah das. Dann knarrten die Treppenstufen.

Fjodor blinzelte zum Fenster hin.

Jetzt, da er wieder allein war, lächelte er. Nur ein kleines bißchen und ganz kurz.

»Pjotr!« sagte er leise.

Nein, jetzt hatte er keine Angst mehr. Er würde bestimmt nicht ins Lager zurückgeschickt und in eine Schule gesteckt werden! Der Mann würde ihm nicht die Polizeimenschen auf den Hals hetzen, damit sie ihn verhörten und einsperrten! Er war selbst lange genug eingesperrt gewesen und hatte wie ein Besprisorny leben müssen! Er wußte, wie so etwas tat! Workuta mußte noch schlimmer gewesen sein als eine Schule.

Fjodor holte tief Atem und reckte sich unter der Zudecke.

»Pjotr!«

6 Das Buch

Fjodor genas vollständig. Trotzdem durfte er weiterhin auf Peter Müllers Hof bleiben. Niemand holte ihn ins Lager zurück.

Daß Peter Müller dabei seine Hand im Spiel hatte, ahnte der Besprisorny nicht.

Peter Müller war beim Bürgermeister gewesen und hatte seinen Schützling ordnungsgemäß angemeldet. Als »Besuch«. Dann hatte er das Lager verständigt. Es war ein sehr langes Telefongespräch geworden. Einmal erschienen Polizeibeamte auf dem Hof. Peter Müller stand ihnen Rede und Antwort. Er verbürgte sich für den Jungen. Man gestand ihm schließlich zu, Fjodor fürs erste drei Monate »behalten« zu dürfen.

Von all dem hatte der Junge keine Ahnung.

Im Dorf sprach es sich natürlich herum, daß sie auf dem Müllerhof »einen Russen« hatten.

Besucher kamen und gingen. Die Neugierde trieb sie. Besonders die Jugend wollte Fjodor sehen. Die Buben und Mädchen starrten ihn an wie ein Wundertier und waren einigermaßen erstaunt, daß er nicht anders aussah als sie.

Die ersten Tage, nachdem er das Bett verlassen hatte, lümmelte sich Fjodor im Hof herum. Er arbeitete nicht. Dazu war er noch viel zu sehr ein Besprisorny.

Ein Besprisorny und arbeiten? — Undenkbar!

Zuerst lauerte er auf alles mögliche: auf die Polizei, die ihn holen könnte; darauf, daß Pjotr seiner überdrüssig werden und ihn davonjagen würde; auf Schläge; auf Schelte . . .

Nichts dergleichen geschah.

Pjotr blieb freundlich, und seine Angehörigen begegneten dem Russenjungen keineswegs böse.

Allmählich schwand in Fjodor das Mißtrauen. Er hielt sich an Pjotr.

Pjotr war gut, das stand fest. Und er verlangte keine Gegenleistung für sein Gutsein.

Das verstand Fjodor nicht. Ein Sowjetmensch hatte Pjotr einst das Leben gerettet, — schön. Dafür hatte Pjotr Fjodor vor dem Erfrieren bewahrt. Damit war er doch quitt. Warum blieb er weiterhin gut zu ihm, dem Besprisorny?

Fjodor begann zu grübeln. Zum erstenmal dachte er über sein vergangenes Leben nach.

Eines Abends kam er in die Stube, wo Pjotr in einem Buch las. Ganz versunken war der junge Mann mit dem alten Gesicht. So hatte ihn Fjodor noch nie gesehen. In Pjotrs Augen war ein Glanz, den Fjodor noch nie bemerkt hatte. Es muß etwas sehr Schönes sein, was Pjotr las. Er hörte nicht einmal, wie der Junge in die Stube trat!

Fjodor wagte nicht, den Freund zu stören. Auf den Fußspitzen schlich er in einen Winkel und setzte sich. Er ließ Pjotr nicht aus den Augen.

Nach einer geraumen Weile legte dieser das Buch auf den Tisch. Er schlug es nicht zu. Langsam erhob er sich. Ohne sich umzublicken, ging er hinaus.

Fjodor war allein in der Stube.

Auf dem Tisch lag das Buch. Es war, als zöge es Fjodor mit unheimlicher Kraft an.

Fjodor stand langsam auf und schlich zum Tisch.

In dem Buch war ein Bild aufgeschlagen.

Fjodor zuckte zusammen, als er ihn sah — den Mann am Querholz! Unter dem Kreuz standen eine Frau und ein anderer Mann. Sie trugen lange Gewänder, wie Fjodor sie noch nie gesehen hatte.

Der Junge zögerte sekundenlang. Dann griff er nach dem Buch, klappte es zu und steckte es unter seine Jacke. Hastig verließ er die Stube und eilte in seine Kammer.

Zum erstenmal schloß er sich ein.

Er zog den Vorhang des Fensters zu und hängte seine Jacke an die Türklinke, damit kein Lichtschein nach draußen fallen konnte. Dann knipste er das Licht an.

Nun konnte er ungestört in dem Buch blättern. Sicher waren noch andere Bilder darin.

Fjodor bekam auf einmal Herzklopfen. Er hatte Pjotr bestohlen, das kam ihm plötzlich zum Bewußtsein. Früher hatte er sich aus einem Diebstahl nicht das geringste gemacht.

Aber jetzt?

Bei Pjotr war es etwas ganz anderes. Pjotr war sein Freund. Den durfte er nicht bestehlen!

Ich bringe das Buch wieder zurück, wenn ich es angesehen habe, dachte der Junge. Hoffentlich bemerkt er das Fehlen nicht früher!

Fjodor setzte sich auf die Stuhlkante. Er blätterte das Buch von Anfang an durch. Das Gedruckte interessierte ihn nicht. Er konnte die fremden Buchstaben nicht lesen.

Aber da waren die Bilder.

Ganz vorne wieder der Gekreuzigte.

Fjodor blätterte weiter.

Sonderbare Bilder waren in dem Buch. Schon das nächste gab Fjodor neue Rätsel auf.

Da sitzt eine Frau in langen Gewändern in einer Stube und vor ihr kniet eine andere Frau mit Flügeln. Oder ist es ein Mann? Die Gestalt mit den Flügeln scheint etwas zu erzählen.

Fjodor wunderte sich.

Er schlug das nächste Bild auf.

Da ist die Frau wieder. Sie kniet in einem halb verfallenen Stall vor einem Futtertrog. In dem Trog liegt ein Kind. Ein Mann mit einem langen Bart steht daneben, und hinter seinem Rücken gucken ein Rind und ein graues Tier mit langen Ohren, das wie ein Pferd aussieht, herein. Aber es ist kein richtiges Pferd.

Das Kind in dem Futtertrog könnte ein Besprisorny sein, dachte Fjodor. Aber wenn die

Frau seine Mutter ist, dann ist es kein richtiger Besprisorny.

»Hm . . .«

Das nächste Bild!

Ein bärtiger junger Mann mit langem Haupthaar sitzt in einem weißen Gewand unter einem Baum. Vor ihm kniet ein Knabe, der ihm einen flachen Korb entgegenhält. Darin sind Brote und Fische. Der Mann im weißen Gewand hält die Hand über den flachen Korb. Unten im Tal lagern viele Menschen.

Fjodor schüttelte den Kopf. Der Mann im weißen Gewand schien derselbe zu sein, der vorn auf der ersten Seite am Kreuz hing.

Fjodor blätterte weiter.

Das Bild, das er jetzt sah, verstand er schon besser.

Da liegt ein verwundeter Mann am Wegrand und ein anderer bemüht sich um ihn.

Sicher ein Sanitäter, dachte der Junge. Ähnliches hatte er während der schweren Kämpfe in Ungarn oft genug gesehen. Nur hatten die Verwundeten dort Uniform an.

Weiter — weiter!

Wieder der Mann im weißen Gewand! Hinter ihm stehen Männer und Frauen. Der Mann hält die rechte Hand in die Höhe. Und vor ihm — Fjodor stutzte —, vor dem weißen Mann steigt ein anderer aus der Erde. Aus einem Grab! Das ist deutlich zu erkennen.

Merkwürdig!

Fjodor wurde unruhig. Immer rascher blätterte er um. Immer mehr wollte er über den Mann im weißen Gewand erfahren, den man schließlich ans Querholz genagelt hatte.

Da war er schon wieder.

Er kniet auf einem Felsen und hebt die verkrampften Hände nach oben. Aus seinem Gesicht sprechen Angst und Verzweiflung. Im Hintergrund liegen drei andere Männer. Sie schlafen.

Fjodor schlug das nächste Bild auf.

In seine Augen trat der Ausdruck gespannter Erwartung. Nun bekam er die erste Erklärung.

Da sitzt der Mann wieder! Aber er hat kein weißes Gewand mehr an. Sein Oberkörper ist nackt und blutüberronnen. Er sitzt auf einem steinernen Stuhl in einem Steingewölbe und hält einen Stock in der Hand. Ein wüst aussehender Kerl mit einem Prügel drückt ihm eine Dornenkrone auf den Kopf! Andere wilde Kerle stehen oder knien vor dem Geschundenen und grinsen ihn an.

Die Sache mit der Dornenkrone ist klar. Böse Männer haben es getan.

Aber warum?

Das Buch schwieg, denn Fjodor konnte die Buchstaben nicht lesen.

Dann kam das Kreuzbild, das Fjodor schon in Pjotrs Stube gesehen hatte. Er suchte weiter.

Aha!

Der Junge glaubte seinen Augen kaum trauen zu dürfen.

Da ist der Mann im weißen Gewand wieder. Der Mann, der doch ans Querholz geschlagen wurde und längst tot ist!

Er steigt aus einem Grab. Auf einem Stein sitzt eine Gestalt mit Flügeln, und vor dem Grab schlafen zwei bewaffnete Männer.

Fjodor sah den weißen Mann genau an. Er entdeckte die Wundmale an Händen und Füssen und die Wunde in der Seite.

Jetzt kannte sich der Junge überhaupt nicht mehr aus. So etwas gibt es doch nicht! dachte er. Wie kann ein Toter wieder lebendig werden?

War der weiße Mann nur scheintot gewesen?

Nein! sagte sich Fjodor. Er war doch ans Querholz genagelt und obendrein erstochen worden!

Wieder schüttelte der Junge den Kopf. Er wollte ungläubig lächeln und wunderte sich, daß er es nicht konnte. Das Gesicht des Mannes im weißen Gewand ließ es nicht zu.

Fjodor war verwirrt. Sein Herz klopfte.

Er schlug die nächsten Seiten um.

Da war wieder ein Bild — das letzte.

Der Mann im weißen Gewand schwebt in der Luft. Dabei hat er keine Flügel! Unter ihm — auf der Erde — stehen Männer und Frauen in langen Kleidern und recken ihm die Hände entgegen. Der weiße Mann hält beide Arme weit ausgebreitet. Von seinem Gesicht gehen Strahlen aus.

Fjodor blätterte zum Kreuzbild zurück. Er verglich das Gesicht des Gekreuzigten mit dem des Schwebenden. Kein Zweifel, es war ein und derselbe!

Fjodor starrte vor sich hin. Er grübelte und grübelte und kam doch zu keiner Erklärung. Irgendwie befriedigte es ihn, daß der Geschundene doch nicht tot war. Aber warum nicht tot? — Unerklärlich!

Draußen knarrten die Treppenstufen.

Fjodor schrak auf.

Er erkannte Pjotrs Tritte.

Hastig steckte der Junge das Buch unter seine Bettdecke. Sicher kam Pjotr, um ihn nach dem Buch zu fragen!

Was dann?

Fjodor hielt den Atem an.

Draußen ging Pjotr vorüber.

Der Junge atmete auf. Er wartete, bis eine Tür zuschlug. Dann nahm er das Buch wieder an sich und schlich zur Tür. Er legte das Ohr gegen das Holz und horchte.

Alles blieb still.

Fjodor riß die Jacke von der Klinke und schlüpfte hinein. Das Buch steckte er zwischen Hemd und Jacke. Dann sperrte er leise die Tür auf, drehte das Licht ab und huschte in den Gang. Draußen war es dunkel. Das machte Fjodor nichts aus. Er wußte Bescheid im Müllerhof. Ein Besprisorny braucht nicht lange, um sich auszukennen.

Er schlich die Treppe hinunter. Unter seinen Tritten knarrten die Stufen nicht.

In der Stube unten brannte Licht. Der Junge spähte durchs Schlüsselloch. Er sah Pjotrs Mutter. Also hieß es warten.

Seine Geduld wurde auf eine harte Probe gestellt. Endlich stand die Frau auf und ging durch die Tür zur Küche. Das Licht ließ sie brennen.

Sie kommt sicher bald wieder, dachte der Junge. Ich muß schnell sein.

Unhörbar klinkte er die Tür auf und huschte in den Raum. Er schlich zum Tisch, legte das Buch an seinen alten Platz zurück und schlug das Kreuzbild wieder auf.

Das war geschafft!

Bevor noch Mutter Müller in die Stube zurückkehren konnte, verschwand der Junge ebenso leise, wie er gekommen war.

Fjodor konnte lange nicht einschlafen. Die Bilder, die er heimlicherweise gesehen hatte, ließen ihn nicht los. Was mußte der Mann im weißen Gewand für ein Mensch gewesen sein!

Fjodor erinnerte sich, daß er auf einem freien Platz in Leningrad einmal einen sogenannten Zauberer gesehen hatte. Der hatte für Geld seine Kunststücke vorgeführt. Fjodor war es gelungen, sich hineinzuschmuggeln, ohne etwas zu bezahlen.

Der Zauberer hatte ein junges Mädchen, das zu ihm gehörte, in eine Kiste gesteckt, die oben und unten zwei Öffnungen hatte. Durch diese schauten der Kopf und die Füße des Mädchens heraus. Dann hatte der Zauberer eine Säge genommen und die Kiste durchgesägt. Nachher war das Mädchen wieder heil herausgekommen!

Aber das war nur Bluff gewesen. Das hatten viele der Zuschauer deutlich genug ausgesprochen. Irgendein Trick war dabei.

Bei dem Mann im Buch verhielt sich die Sache anders. Der war schließlich selbst gestorben und hatte sich selbst wieder lebendig gemacht. So viel hatte Fjodor aus den Bildern entnommen. Und einen anderen hatte er aus dem Grab geholt. Nun, dieser andere konnte vielleicht scheintot gewesen sein.

Fjodor schüttelte den Kopf.

Wohl doch nicht scheintot, überlegte er. Wenn sich der weiße Mann selbst wieder lebendig machen konnte, dann konnte er auch einen Toten wieder lebendig machen.

Der Junge schloß die Augen. Er wollte schlafen.

Es ging nicht! Der weiße Mann verfolgte ihn.

Ich werde Pjotr danach fragen, nahm sich Fjodor vor und wußte, daß er es nicht tun würde. Denn Pjotr würde sonst erfahren, daß er sich das Buch geholt hatte.

Sicher würde Pjotr böse werden und ihn vom Hof jagen. Ich muß mir etwas anderes ausdenken, dachte der Junge. Es wird sich schon einmal eine Gelegenheit ergeben, daß ich ihn fragen kann. Denn wissen muß ich, was die Bilder bedeuten!

Wenn ich sehe, daß Pjotr wieder in dem Buch liest, werde ich zu ihm gehen und ihn fragen. Dann kann er höchstens über die Störung ärgerlich werden. Das ist nicht weiter schlimm. Ja, das ist ein guter Gedanke! fand Fjodor.

Warum habe ich eigentlich in Leningrad kein Buch mit solchen Bildern gesehen? Diese Frage tauchte ihm ganz unvermittelt auf. Dieses Buch hätte ich bestimmt gelesen, und wenn ich mir jede Seite hätte mühsam zusammenbuchstabieren müssen. Dieser Bilder wegen hätte ich mich angestrengt, jawohl!

In der Sowjetunion ist vieles anders als hier.

Lenin ist ein großer Mann gewesen, und Stalin auch, das haben die anderen immer wieder gesagt, besonders die Funktionäre. Jetzt sind Lenin und Stalin tot und viele Mächtige aus der Partei. Aber keiner von ihnen ist wieder lebendig geworden, — so wie der Mann im weißen Gewand. Der muß noch größer gewesen sein als Lenin und Stalin und die anderen Staatsmänner!

Ob der weiße Mann überhaupt nicht sterben kann?

Fjodor erschrak bei diesem Gedanken.

Aber dann — lebt er vielleicht noch heute?!

Langsam wurde die Müdigkeit stärker als die Gedanken, auf die der Junge keine Antwort wußte. Er schlief ein.

Doch noch im Traum sah er den weißen Mann, der nicht sterben konnte und der größer sein mußte als Lenin und Stalin.

7 Der erste Lichtstrahl

Es kam ganz anders, als Pjotr es sich vor-
gestellt hatte. Der Junge brauchte Pjotr nicht
während des Lesens in dem geheimnisvollen
Buch zu stören. Pjotr brachte selbst das Buch!

Es ergab sich, daß Fjodor von nun an alles,
was in seiner Umgebung geschah, viel genauer
beobachtete. Bisher hatte er ziemlich gleichgültig unter der Familie gelebt, hatte bei ihr ge-
wohnt, mit ihr gegessen und unter ihrem Dach
geschlafen, ohne sich viel darum zu kümmern,
wie seine Wohltäter eigentlich lebten. Er hatte
sich den Gewohnheiten der anderen angepaßt,
ohne sich weiter den Kopf darüber zu zerbre-
chen.

Seit er das Buch durchgeblättert hatte, wurde
es anders. Jetzt waren die anderen auf einmal
Leute, die um Geheimnisse wußten, und für

Fjodor damit selbst geheimnisvoll geworden waren.

Schon beim Mittagessen des folgenden Tages begann es. Auf einmal machte sich Fjodor Gedanken darüber, warum seine Gastgeber sich nicht sofort zu Tisch setzten, sondern eine Weile stehen blieben, die Hände ineinander legten und warteten, bis Pjotr etwas gesagt hatte. Dann erst aßen sie. Nach dem Essen war es dasselbe. Wieder erhoben sich alle, legten die Hände zusammen, und Pjotr sprach.

Der Junge ging ins Freie und lehnte sich gegen die Hofmauer. Er hatte nachzudenken.

So fand ihn Peter Müller. »Was ist, Fjodor?« fragte er freundlich. »Bist du krank?«

Der Junge schüttelte den Kopf und schwieg.

»Du schleppst doch irgend etwas mit dir herum, Fjodor!« drängte der Heimkehrer.

Fjodor gab sich einen Ruck. »Warum sagst du vor dem Essen etwas und nachher etwas, und warum legt ihr dabei alle die Hände zusammen, Pjotr?« stieß er hervor.

Ob Pjotr jetzt lacht? Fjodor blinzelte ihn von unten herauf an.

Nein! Pjotr wurde sehr ernst.

»Wir beten«, erklärte er. »Hast du noch nie gebetet?«

Fjodor schüttelte den Kopf. Nun, da die erste Frage gestellt war, folgte die zweite wie von selbst. »Was ist das, beten?«

»Komm in meine Kammer!« sagte Pjotr. »Ich habe eine Stunde Zeit.«

Fjodor folgte ihm.

Dann saßen sie nebeneinander, und Fjodor blickte den Freund erwartungsvoll an.

»Beten heißt Gott danken oder ihn um etwas bitten«, sagte Peter Müller. »Oder ganz einfach gesagt: Beten ist reden mit Gott.«

Da war es wieder, das geheimnisvolle Wort *Bog* — Gott!

»Ich habe zu Hause nie von Gott gehört«, gestand der Junge. Er erwartete, daß Pjotr ihm nun erklärte, wer dieser *Bog* sei. Doch der Freund tat etwas ganz anderes.

Pjotr zeigte auf den Tisch. »Was meinst du, Fjodor«, fragte er, »ist dieser Tisch da von selbst geworden?«

Der Junge fand die Frage reichlich dumm. Er grinste. »Den hat der Tischler gemacht«, antwortete er belustigt.

Der Freund nickte. »Natürlich, Fjodor, aber ich meine es ganz ernst. Und wie ist es mit dem Haus, in dem wir wohnen? Ist das von selbst geworden?«

Nun lachte Fjodor. »Aber nein. Da haben die Maurer und die Zimmerleute daran gearbeitet und viele andere Handwerker. Aber das ist doch alles selbstverständlich, Pjotr!«

»Sehr schön, Fjodor!« Jetzt deutete Peter Müller aus dem Fenster. »Und das dort draussen, Fjodor? Die Wiesen, die Bäume, der Wald, der Bach, die Berge — überhaupt unsere ganze Erde —, wie ist es damit?«

Fjodor zögerte mit der Antwort. Es dämmerte ihm langsam, daß die beiden ersten Fragen doch nicht so lächerlich gewesen waren.

»Nun, Fjodor?« drängte der Freund.

»Darüber habe ich noch nie nachgedacht«, wich der Junge aus. »Aber — das alles kann doch kein Mensch machen, Pjotr! Das ... das ist eben von Anfang an so dagewesen.«

»Wirklich, Fjodor?« fragte Peter Müller. »Glaubst du im Ernst, daß ein Tisch und ein Haus nicht von selbst entstehen können, daß aber die ganze Natur keinen Meister gebraucht hat, der sie aufbaute?«

Der Junge sah durchs Fenster. Er gab keine Antwort. Er fühlte, daß Pjotr recht hatte.

»Einer ist immer dagewesen, Fjodor«, fuhr der Freund fort, »Gott. Er hat die Welt erschaffen und alles, was sich darauf regt. Er lenkt die Erde und die Gestirne und läßt wachsen und vergehen.«

»Dann muß er ein großer Meister sein«, nickte der Junge.

»Sicher. Der größte Meister aller Zeiten.«

»Und wo ist er, Pjotr?«

»Überall.«

»Auch hier in deiner Kammer?«

»Natürlich, Fjodor.«

»Aber ich sehe ihn nicht! Siehst du ihn?«

»Gott ist unsichtbar.«

»Dann gibt es ihn auch nicht!« sagte Fjodor. »Was es gibt, muß man doch sehen!«

Peter Müller lächelte. »Das stimmt nicht«, erklärte er. »Glaubst du zum Beispiel, daß du Verstand hast, Fjodor?«

Der Junge nickte. »Natürlich habe ich Verstand, Pjotr! Sonst könnte ich doch nicht überlegen!«

»Hast du deinen Verstand schon einmal gesehen?«

»Nein, aber ich habe ihn trotzdem!«

»Eben hast du noch erklärt, es gäbe nur das, was man sehen kann, Fjodor!«

Dagegen kam der Junge nicht an. Er schwieg.

»Ich will dir etwas zeigen«, fuhr Peter Müller fort. Er zog den Schub seines Nachtkästchens auf und nahm — das geheimnisvolle Buch heraus!

Jetzt war Fjodor aufs äußerste gespannt.

»Das ist die Bibel«, sagte Peter, »das Buch, das von Gott erzählt. Es ist das beste Buch, das es gibt. Männer haben es geschrieben, die Gott gesehen haben, als er noch auf Erden lebte.«

Und nun lüftete Peter Müller die ersten Geheimnisse, die hinter den Bildern steckten.

Der Heimkehrer tat es in ganz einfachen Worten. Von der Erschaffung der Welt erzählte er, und wie die Menschen undankbar wurden und den Schöpfer so bitter kränkten. Er berichtete, wie Gottvater seinen Sohn auf die

Erde sandte, um die Menschheit zu erlösen. Fjodor erfuhr den Sinn der ersten beiden Bilder: die Ankündigung und die Geburt Christi im Stall zu Bethlehem. Von den drei Weisen aus dem Morgenland hörte der Junge, von der Flucht nach Ägypten und dem einfachen, verborgenen Leben des Heilands in Nazareth.

Viel zu schnell verflog die Zeit. Bis in die Nachtstunden hinein müßte Pjotr erzählen, fand der Junge. Das, was der Freund ihm berichtete, war mehr als bloß eine schöne Geschichte. Fjodor fühlte es, wenn er sich auch nicht erklären konnte, woran es lag.

Die Stunde war längst überschritten.

Da rief die Frau aus der Küche. Pjotr mußte an die Arbeit.

Fjodor gab sich einen Ruck. »Pjotr«, bat er, »wenn ich dir helfe, daß du schneller fertig wirst, erzählst du mir dann weiter von Gott?«

Peter Müller nickte. Er war in seinem Innersten dankbar. Er, der Heimkehrer aus Workuta, durfte einem jungen Menschen die frohe Botschaft verkünden.

Sie gingen zusammen an die Arbeit.

Und so hielten sie es die folgenden Tage weiter.

Dafür erfuhr Fjodor in den Abendstunden mehr über das Leben des Heilands. Ein Bild ums andere aus der Bibel bekam Sinn und Deutung: Die Speisung der Fünftausend — das Gleichnis vom barmherzigen Samariter — die Auferweckung des Lazarus — der Leidensweg, die Auferstehung und die Himmelfahrt Jesu.

Darüber hinaus wußte Pjotr noch vieles zu erzählen, von dem keine Bilder in der Bibel waren.

Fjodor lauschte und lauschte. Er stellte keine Fragen, um keine Zeit zu verlieren. Er wollte alles wissen, und das so rasch wie möglich.

Dafür arbeitete er auch. Er spaltete mit Pjotr Holz und besserte da aus, wo es nötig war. Er half dem Freund im Stall und im Wald. Er aß für drei, bekam schwielige Hände und eine gesunde Gesichtsfarbe.

Doch wenn er nach des Tages Arbeit im Bett lag, dann kamen die Gedanken. Dann dachte er das durch, was Pjotr ihm am Abend von Gott und dem Heiland erzählt hatte.

Auch Peter Müller schlief nicht sofort ein. Wenigstens nicht in den drei Wochen, in denen er seinem jungen Freund das Evangelium in groben Zügen und in holperigem Russisch vortrug. Er war sich bewußt, daß er nur ein einfacher Bauer war, den Gott in seinem unerforschlichen Ratschluß zum groben Werkzeug ausersehen hatte —, »als Spitzhacke«, wie der junge Mann einmal zu seiner Mutter sagte. Die Feinarbeit mußte ein Berufener leisten, ein Geistlicher vielleicht oder ein Lehrer.

Bisher hatte Fjodor stets andächtig zugehört und keine einzige Frage gestellt. Er hatte sich das Evangelium wie eine schöne Geschichte erzählen lassen.

Sicher würde das nicht so bleiben. Einmal würde Fjodor fragen, einmal würde er zu zweifeln beginnen.

Und dann?

Wie soll ich ihm erklären, daß man glauben muß? grübelte Peter Müller. Ich bin kein Pfarrer, der studiert hat; ich habe keine Kinder und weiß eigentlich nicht so recht, wie man mit Jugendlichen umgeht.

In seiner Not bat der Heimkehrer immer wieder Gott, daß er ihm helfen und einen Weg zeigen möge.

Fjodor besuchte regelmäßig mit seinen Gastgebern die Gottesdienste, doch der Pfarrer predigte deutsch. Und Peters Russischkenntnisse reichten oft nicht aus, um hinterher dem Jungen sinngemäß zu übersetzen, was der Geistliche gesagt hatte. Mit der Bibel — da war es etwas anderes. Die »Geschichten« aus dem Buch der Bücher ließen sich wiedergeben, ohne etwas von ihrer Kraft zu verlieren.

Mit Fjodor ging langsam eine Wandlung vor sich, ohne daß es die anderen zunächst merkten.

Doch eines Tages wurde es offenbar. Der Junge trat in die Stube, als Peters Mutter den Tisch deckte. Da grüßte Fjodor.

»Griss Gott, Frau Millärr!« sagte er leise.

8 Fragen

Die Fragen kamen und drängten.

Zuerst vor dem Einschlafen, wenn Fjodor noch einmal überdachte, was ihm Pjotr erzählt hatte.

Gott ist gerecht, hatte Pjotr erklärt.

Fjodor ließ sein bisheriges Leben an sich vorüberziehen. Wo war da Gottes Gerechtigkeit? Warum hatte Gott ihm, dem Besprisorny, die Eltern genommen? Warum hatte er nie ein Dach über dem Kopf gehabt? Warum lebten andere im Überfluß, wo doch so viel Not auf der Welt war? Warum ließ Gott zu, daß sich die Menschen einander im mörderischen Krieg umbrachten?

In Ungarn waren Gute und Böse zu Tausenden gefallen. War das gerecht?

Und wie stand es um Pjotr? Der war bestimmt ein guter Mensch! Warum hatte Gott zugelassen, daß Pjotr viele Jahre seines Lebens in Workuta hatte zubringen müssen?

Warum ließ Gott nicht auch heute Feuer und Schwefel auf die bösen Menschen niederregnen, wie er es vor Jahrtausenden getan hatte, als sein auserwähltes Volk von ihm abgefallen war?

Warum standen in Pjotrs Dorf zwei Kirchen, beide mit einem Kreuz auf dem Turm? Gab es auch verschiedene Christen? War der Herrgott nicht immer der gleiche?

Fjodor wußte keine Antwort darauf. Er behielt die Fragen für sich, um Pjotr nicht zu betrüben. Aber er begann zu zweifeln.

Gott ist gut, hatte Pjotr gesagt.

Warum läßt er die Menschen erst sterben, bevor sie in den Himmel kommen? überlegte der Junge. Sterben ist schrecklich, und ich fürchte mich davor. Warum schickt Gott

Krankheiten und Schmerzen? Den Guten wie den Bösen?

Und immer wieder kamen dieselben Fragen: Warum hat mir Gott die Eltern genommen? Warum läßt er Kriege zu und Verschleppungen?

Fjodor trug die Fragen lange mit sich herum. Ohne daß es ihm zum Bewußtsein kam, änderte sich sein Verhalten. Er wurde verschlossen.

Schließlich fiel es dem Freund auf.

»Was hast du denn, Fjodor?« fragte er einmal mitten unter der Arbeit.

Der Junge zuckte die Achseln. »Ich habe viel nachgedacht«, gestand er widerwillig.

»Na und? Raus mit der Sprache!«

»Gott ist nicht gut und nicht gerecht!« brach es aus Fjodor heraus.

Pjotr fuhr nicht auf. Er wurde nicht böse, wie Fjodor schon befürchtet hatte. Ganz im Gegenteil.

»Darüber denkt jeder ehrliche Christ nach«, sagte er ernst. »Ich kann es dir nicht richtig erklären, Fjodor, ich bin nur ein einfacher Bauer und habe keine hohe Schule besucht. Aber denk doch an Jesus! Alles, was Menschen in Unordnung gebracht haben, das brachte er in Ordnung. Doch, Fjodor, Gott ist gut.«

Fjodor wollte auffahren. Aber da legte sich Pjotrs schwere Hand auf seine Schulter. »Gott hat dir nicht die Eltern genommen. Das haben Menschen getan. Und die waren vielleicht auch nicht schlechter als wir beide, Fjodor. Sie haben vielleicht genauso wenig Schuld am Krieg wie du. Gott will keinen Krieg. Den machen die Menschen. Gott will Frieden mit den Menschen. Deshalb hat er ja seinen Sohn geschickt. Aber weil die Menschen keinen Frieden wollen, auch früher schon nicht, haben sie Jesus ans Kreuz geschlagen. Und er hat sich ans Kreuz schlagen lassen für alle Menschen, für die bösen und für die guten. Er hat Gottes Zorn auf sich genommen, als hätte er selber das alles getan, was die Welt so in Unordnung gebracht hat. Und deshalb kann Gott uns vergeben. Doch, Fjodor, Gott ist gerecht, du kannst dich darauf verlassen. Du kannst ihm wirklich vertrauen!«

Fjodor arbeitete schweigend weiter. Den ganzen Tag blieb er in sich gekehrt.

Abends, als er im Bett lag, kamen die Gedanken wieder. Sie quälten.

Wie konnte er vertrauen, wo er doch keineswegs immer so gelebt hatte, wie es Gott gefällt? Noch nicht einmal reden würde er mit ihm können.

Das war es!

Fjodor überdachte sein Leben von neuem.

Nein, er hatte kaum gottgefällig gelebt!

Er hatte gestohlen und Böses mit Bösem vergolten. Er hatte nie anderen etwas Gutes getan. Er haßte Vater und Mutter, die er nie gesehen hatte. Er beneidete die, denen es besser ging als ihm. Er war — wenigstens bis vor kurzem —

faul und träge gewesen. Er hatte oft häßliche Worte gesagt, an denen nur der Teufel seine Freude haben konnte.

Hatte er nicht das elende Leben eines Besprisornys verdient?

Fjodor ertappte sich bei dem Gedanken, daß das Böse, das er bisher getan hatte, vollauf reichte, um nie in den Himmel zu kommen. Welchen Sinn hatte es dann noch, an Gott zu glauben und seine Gebote zu halten?

Es war unbequem, so zu leben, wie Gott es wollte. Ein Gesetz zu befolgen, fällt einem Besprisorny schwer. Stehlen stand auch bei den Sowjets unter schwerer Strafe, und kein Richter hätte einem das verziehen. Wie sollte da Gott verzeihen?

Christus ist für alle Menschen gestorben, hatte Pjotr gesagt. Aber das gibt es doch nicht! Wie soll Christus sich an jeden einzelnen erinnern? Fjodor Besprisorny ist ein viel zu geringer Mensch, als daß Christus auch auf ihn aufmerksam werden könnte.

Hm, vielleicht hat er dann auch gar nicht gemerkt, wieviel Böses ich angestellt habe? dachte der Junge.

Das müßte man einmal genau wissen!

Fjodor schleppte diese Unsicherheit mit sich herum. Er fragte den Freund nicht mehr. Dafür beobachtete er Pjotr um so schärfer.

Pjotr zweifelte nicht an Gott. Pjotr fiel es anscheinend auch nicht schwer, so zu leben, wie Christus es wollte. Pjotr verstand es, richtig zu beten. Er war jedesmal ganz versunken, wenn er die Hände ineinander legte. Ob Pjotr immer gut gewesen war?

»Bist du immer gut gewesen, Pjotr?«

Es war an einem Sonntagnachmittag, als Fjodor diese Frage abschoß.

Peter Müller schüttelte den Kopf. »Nein, Fjodor, kein Mensch kann immer gut sein.

Aber Gott macht uns gut, wenn er sieht, daß wir ihm ehrlich vertrauen.«

»Paßt er denn auf jeden von uns auf? Auch auf mich?«

»Er sieht und weiß alles, Fjodor.«

»Hast du das, was du von Gott weißt, nur aus der Bibel, Pjotr?«

Peter Müller schüttelte den Kopf. »Das erste habe ich von meiner Mutter erfahren, Fjodor.«

»Ich kannte meine nie.«

»Ich weiß, aber es ist nie zu spät. Vielleicht hat dich der Herr nur deshalb so hart angefaßt, weil er dich besonders lieb hat und weil dein Leben von jetzt an ganz anders werden soll.«

»Hm, und dann, Pjotr? Wer hat dir weiter von Jesus erzählt und von seinen Jüngern und dem allem?«

»Ich bin zur Schule gegangen, Fjodor. Da lernt man nicht nur Lesen, Schreiben und Rechnen.«

»Erzählt der Lehrer auch von Jesus?«

»Den Unterricht über Gott gibt der Pfarrer oder ein besonderer Lehrer. Aber auch sonst hörst du in der Schule immer wieder von der Macht und Größe des Schöpfers. Es gibt nichts, was nicht zu Gott führt. Wenn der Lehrer von der Erde, der Sonne und den Sternen spricht, dann merkst du, wie wunderbar der Herr die Gestirne lenkt. Wenn du von Pflanzen, Tieren und Menschen hörst, mußt du darin die Weisheit und Güte des Schöpfers erkennen. Und die Geschichte der Völker zeigt dir das Walten des gerechten Gottes.«

Fjodor nickte, obwohl er nur wenig von dem verstand, was Pjotr da sagte.

»Läßt du mir noch einmal die Bibel, Pjotr? Nur für eine halbe Stunde. Ich möchte mir die Bilder ansehen.«

»Aber gerne, Fjodor.«

Dann saß der Junge in seiner Kammer. Diesmal sah er die Bilder mit anderen Augen an. Er wußte ja, was sie bedeuteten.

Nein, das Antlitz Christi war nicht streng! Es strahlte Liebe und Güte aus. Und hatte er nicht den größten Sündern vergeben?

»Gehe hin und sündige hinfort nicht mehr«, hatte er bloß gesagt.

Nun, wer ein Dach über dem Kopf hat und Geld verdient, der hat es sicher leicht, nicht zu sündigen. Aber ein Besprisorny?

Ob ich noch lange bei Pjotr bleiben darf? überlegte der Junge. Sicher muß ich einmal gehen. Der Mann von Pjotrs Schwester sieht mich ohnehin immer unwillig an, wenn er von der Arbeit nach Hause kommt. Er mag mich nicht. Ich bin ihm zuviel. Am Anfang, ja, da ist es gegangen. Aber jetzt dauert es ihm wahrscheinlich zu lange.

Fjodor starrte auf das Bild des Gekreuzigten.

Jesus hätte nicht zu sterben brauchen, wenn er nicht gewollt hätte! Er hat es für die Menschen getan, für alle, sagt Pjotr, auch für mich.

Und er sieht auf mich.

Pjotr weiß es, er weiß viel mehr über Jesus als ich. Er hat es ja auch von seiner Mutter gehört und in der Schule, viele Jahre lang. Ich habe zum erstenmal von Pjotr etwas über Gott erfahren. Aber ich müßte noch viel mehr wissen.

Pjotr hat wenig Zeit, und wenn er mir etwas Besonderes erklären soll, bringt er es nicht so recht fertig. Er spricht zwar Russisch, aber nicht so gut, wie es notwendig wäre. Und ich brauche viel zu lange, um Deutsch zu lernen.

Aber Pjotr hat gesagt, es gäbe Leute, die so viel über Gott wissen, daß man dann nicht mehr zweifeln muß. Die man alles fragen kann. Die es einem in gutem Russisch sagen können.

Ein oder zwei Jahre müßten genügen.

Vielleicht könnte ich dabei auch Deutsch lernen?

Pjotr würde sich sicher darüber freuen — später einmal.

9 Die Entscheidung

Fjodor hatte nur zu gut beobachtet.

Peter Müllers Schwager dauerte es wirklich schon zu lange. Gewiß, auch er hatte nichts dagegen gehabt, daß der »Russe« so lange auf dem Hof blieb, bis er sich von seiner Krankheit erholt hatte. Aber dann wurde ihm der Junge immer lästiger. Er wußte selbst nicht, woran es lag. Je mehr die Zeit verrann, desto weniger konnte er Fjodor leiden. Daß der Besprisorny endlich zu arbeiten begann, änderte nichts an der Tatsache.

Eines Abends kam die Bombe zum Platzen.

Das Abendessen war vorüber, Fjodor hatte »Gute Nacht« gesagt und war zu Bett gegangen, und die Frauen machten sich in der Küche zu schaffen. Peter und sein Schwager saßen einander in der Stube gegenüber.

»Gott sei Dank, daß die drei Monate bald vorüber sind!« brummte der Schwager.

»Welche drei Monate?« fragte Peter betroffen.

»Die der Iwan auf dem Hof bleiben darf! Mir hängt er schon zum Hals heraus!«

»Aber Rudolf!«

»Ach was! Ich traue dem Kerl nun mal nicht! Schau ihn dir doch mal an! In der letzten Zeit geht er so seltsam herum und stiert dahin und dorthin. Grad wie einer, der stehlen möchte! Du hast dir einen sauberen Kuckuck ins Nest geholt, Peter! Denkst du eigentlich gar nicht mehr daran, wie dich die Sowjets in Workuta geschunden haben?«

Peter Müller schüttelte den Kopf. »Fjodor hat mit Workuta nichts zu tun, Rudolf! Und daß er in letzter Zeit anders geworden ist, das hat einen ganz anderen Grund, als du vermutest.«

»Da bin ich aber neugierig!«

»Fjodor ist dabei, zu Gott zu finden, Rudolf!«

Der Schwager sah Peter an, als zweifle er an dessen Verstand. »Ein junger Bolschewik und Gott?« fragte er. »Das glaubst du doch selbst nicht!«

»Ein Besprisorny muß noch lange kein Bolschewik gewesen sein«, widersprach Peter bestimmt. »Fjodor wenigstens war keiner. Und selbst wenn er einer gewesen wäre: auch der verbissenste Gottlose kann zum Herrn finden, wenn er guten Willens ist.«

»Mir soll's recht sein«, brummte der Schwager. »Trotzdem werde ich aufatmen, wenn der Hof wieder sauber ist!«

Er erhob sich und ging aus der Stube.

Peter Müller blieb allein zurück. Er stützte den Kopf in die Hände und schloß die Augen. Lange saß er so.

Dann ging auch er. Vor Fjodors Schlafkammer blieb er stehen. Er stutzte. Von drinnen hörte er Schritte.

Peter Müller drückte die Klinke nieder und trat ein.

In Fjodors Kammer brannte noch Licht. Der Junge war völlig angezogen. Er ging auf und ab und . . . rauchte eine Zigarette!

Er versteckte den Glimmstengel nicht, als Peter eintrat.

»Woher hast du die Zigaretten, Fjodor?« fragte Peter; denn er sah auf dem Nachtkästchen eine angebrochene Packung liegen.

»Gekauft, Pjotr«, antwortete der Junge unbefangen. »Du hast mir doch Geld gegeben, weil ich dir bei der Arbeit geholfen habe!«

»Du sollst nicht rauchen, Fjodor!«

»Warum nicht? Ich habe drüben viel mehr geraucht als hier. Und jetzt rauche ich, weil ich nachdenken muß. Dann geht es besser.«

»Ich will nicht, daß du rauchst, Fjodor!«

sagte Peter Müller bestimmt. »Es schadet dir mehr als du ahnst!«

»Ist Rauchen etwas Böses?« wunderte sich der Junge.

»Für einen Jungen, wie dich, schon«, erklärte Peter. »Gute Nacht, Fjodor!«

»Gute Nacht, Pjotr.«

Als die Tür zugefallen war, drückte Fjodor die Zigarette aus. Den Stummel warf er durchs Fenster. Dann setzte er sich auf die Bettkante und stützte den Kopf in die Hände, wie es vor ihm Peter in der Stube getan hatte.

Plötzlich erhob er sich, ergriff die angebrochene Packung Zigaretten und schlich aus dem Zimmer. Vor Pjotrs Schlafkammertür blieb er stehen. Er klopfte.

»Wer ist da?« fragte Peter von drinnen.

Er hatte deutsch gesprochen, doch Fjodor erriet den Sinn der Frage. »Ich, Fjodor«, antwortete er auf Russisch.

Da kam Peter heraus. Er war schon im Nachthemd. »Was ist, Fjodor?«

Der Junge drückte dem Erstaunten die Zigarettenpackung in die Hand. »Ich will versuchen, erst wieder zu rauchen, wenn ich erwachsen bin«, sagte er hastig und verschwand.

Sonntagnachmittag.

Peter Müller ging über die Waldwiese, auf der er Fjodor gefunden hatte. Er ging allein. Er hatte sich fortgeschwindelt, um den Jungen nicht mitnehmen zu müssen.

Peter Müller war es schwer ums Herz.

Übermorgen waren die drei Monate um. Da würde jemand aus dem Valka-Lager kommen, um Fjodor abzuholen. Der Junge hatte noch keine Ahnung von dem, was ihm bevorstand.

Fjodor war vor der Schule geflohen, und nun sollte er trotz allem dorthin zurückgebracht werden. Peter sah ein, daß das sein mußte. Fjodor hatte vieles nachzuholen.

Aber —, wie sollte er es ihm beibringen? Mußte Fjodor nicht glauben, sein Freund hätte ihn verraten?

Mit welchem Widerwillen hatte der Junge seinerzeit von der Schule gesprochen!

Peter Müller zündete sich eine Zigarette an. Er rauchte hastig. Trotzdem gelang ihm das Nachdenken nicht besser. Ich muß es ihm sagen, ganz ungeschminkt, beschloß er nach einer Weile. Ganz gleich, wie er es aufnimmt. Und ich werde ihm sagen, daß er mich in den Ferien besuchen darf. Und wenn er mit der Schule fertig ist, in einem Jahr oder in zwei Jahren, dann darf er ganz auf den Hof kommen, wenn er Lust zur Landwirtschaft hat. Er kann arbeiten, wenn er will, das hat er ja bewiesen.

Peter Müller warf die halb gerauchte Zigarette fort. Er brauchte sie nicht mehr »zur Anregung«.

Mit dem Herrn, der Fjodor abholt, werde ich ein ernstes Wort reden, nahm er sich vor.

Ich werde ihm sagen, daß der Junge sehr gut begabt ist und ein gutes Herz hat. Drüben in der Sowjetunion hatte er bloß keine Gelegenheit, es zu zeigen. Da mußte er sehen, wie er das nackte Leben fristete. Sie sollen ihn im Lager anständig behandeln und ihn nach Möglichkeit zu einer Familie bringen, wo er wirklich gut aufgehoben ist.

Ach was, ich fahre am besten selbst mit und überzeuge mich. Fjodor verdient es.

Ja, so wollte Peter Müller es halten. Nun, da er diesen Entschluß gefaßt hatte, wurde ihm leichter ums Herz. Fjodor war verständig, er würde einsehen, warum er zurück mußte.

Peter Müller kehrte um.

Der Hof lag wie verlassen da.

Die Mutter, die Schwester und der Schwager waren bald nach dem Mittagessen fortgegangen. Sie wollten die Vorführungen einer Laienspielgruppe in der Stadt ansehen.

Als Peter in die Wohnstube trat, stutzte er.

Fjodor war da, aber nicht so wie sonst! Der Junge trug sein Feiertagsgewand. Doch das machte es nicht aus. Neben Fjodor auf der Ofenbank lag — die Persilschachtel, gut verschnürt! Der Junge hatte von allem Anfang an darauf bestanden, daß sie nicht weggeworfen wurde.

»Ich habe auf dich gewartet, Pjotr«, sagte Fjodor leise.

»Ist etwas geschehen?« fragte Peter verblüfft. Seine Augen wanderten von Fjodor zur Schachtel und wieder zurück zu dem Jungen.

Fjodor schüttelte den Kopf. »Es ist nichts passiert, Pjotr«, erwiderte er. »Nur — ich wollte nicht weggehen, ohne dir die Hand zu geben. Und — ich muß dir doch danken — für alles.«

Peter trat dicht vor Fjodor hin. »Du willst fort?« fragte er leise. »Hat dich jemand beleidigt?«

»Aber nein, Pjotr, gar nicht! Ich muß fort, weißt du. Es geht nicht anders.«

»Und wohin willst du gehen?«

»Ins Lager zurück.« Ganz einfach sagte es Fjodor, ohne jede Bitterkeit.

Alles hätte Peter Müller erwartet, nur das nicht. Er begann zu stottern. »Aber — aber . . .«

Fjodor lächelte ein wenig traurig. »Es war schön bei dir, Fjodor, und ihr seid alle gut zu mir gewesen. Aber weißt du, ich muß noch viel lernen. Das kann ich hier nicht. Im Lager gibt es eine Schule, und der Lehrer spricht Russisch, das weiß ich. Dort ist auch ein Pfarrer, der Russisch spricht. Ein Jahr oder zwei Jahre halte ich es schon aus. Und vielleicht werde ich dann auch so wie du.«

»Wie meinst du das?« fragte Peter. Er war ehrlich erschüttert. Er ahnte, welch gewaltige Überwindung dieser Entschluß Fjodor gekostet hatte.

Wieder versuchte der Junge zu lächeln.

»Vielleicht bringen sie es im Lager fertig, daß ich an Gott so glauben kann wie du«, sagte Fjodor. »Jetzt kann ich es noch nicht. Es gibt zu viel, was ich nicht verstehe. Aber es ist bestimmt schön, wenn man Jesus gut kennt, nicht wahr? So wie ich es bei dir gesehen habe.«

Dem jungen Mann mit dem alten Gesicht wurde warm ums Herz. Ich habe Fjodor den rechten Weg zeigen dürfen, dachte er dankbar.

Dieser Gedanke war wie ein Gebet.

Fjodor streckte seine Hand aus. »Ich danke dir, Pjotr, und — und wenn ich dich wieder einmal besuchen dürfte?«

»Aber das ist doch selbstverständlich, Fjodor! Ich bitte es mir sogar aus! Ja —; und wenn du nach deiner Schulzeit Lust verspüren solltest, in der Landwirtschaft zu arbeiten, auf meinem Hof bist du willkommen, verstanden?«

Fjodor nickte. »Ich denke, ich werde wieder-

kommen«, sagte er leise und nahm die Persilschachtel auf.

»Was denn, was denn!« rief Peter. »Du wirst
doch nicht so weglaufen wollen, Junge! Ich
bringe dich selbstverständlich ins Lager! Wir
nehmen den Wagen und spannen den Braunen
ein. Und etwas zu essen muß ich dir mitgeben
und sonst noch einige Kleinigkeiten. Wäre ja
noch schöner, wenn ich dich so sang- und klang-
los ziehen ließe!«

Peter Müller redete schneller als sonst, um
seine Rührung zu verbergen. Fjodor war ihm
ans Herz gewachsen.

Er verschwand aus der Wohnstube und kam
nach einer Weile mit einem Päckchen zurück.

»So, das wär's«, meinte er gemacht fröhlich.
»Und wenn du willst, dann kannst du schon
mal den Braunen einspannen, ja?«

Fjodor nickte. »Gern, Pjotr.«

Draußen legte Peter Müller seinen Arm um
die Schulter des Jungen.

Fjodor blickte zu dem erwachsenen Freund auf. »Du, Pjotr?« sagte er.

»Ja?«

»Wenn wir ins Lager kommen, Pjotr, dann sag ihnen doch, sie sollten mir einen anderen Namen geben, ja? Ich heiße Fjodor — gut. Aber sie sollen nicht mehr Fjodor Besprisorny zu mir sagen.«

Peter Müller nickte. Er verstand, was der Junge sagen wollte. Fjodor war nicht mehr obdachlos.

Er würde eine Heimat finden — hier und dort oben ...

KLEINE R. BROCKHAUS-BÜCHEREI

Eine Taschenbuchreihe für junge Leser

Jeder Einfachband ca. 128 Seiten, z. T. illustriert, vierfarbiger Taschenbucheinband. Die Reihe wird fortgesetzt.

R. BROCKHAUS VERLAG WUPPERTAL